CW01024413

Το πρώτο μου
αγγλικό
λεξικό
με εικόνες

Το πρώτο μου
αγγλικό
λεξικό
με εικόνες

ΜΕΤΑΦΡΑΣΗ

Άγγελος Κοκολάκης

ΕΚΔΟΣΕΙΣ
ΠΑΤΑΚΗ

Contents

Περιεχόμενα

How to use this dictionary

This dictionary is packed with useful words, and it is also an information book. It will help you find out more about the world at the same time as you are learning new words in two languages.

Το λεξικό αυτό είναι γεμάτο χρήσιμες λέξεις, αλλά είναι επίσης και ένα βιβλίο γνώσεων. Θα σε βοηθήσει να γνωρίσεις καλύτερα τον κόσμο, καθώς θα μαθαίνεις νέες λέξεις σε δύο γλώσσες.

How is it organized? • *Πώς είναι οργανωμένο;*

The dictionary is divided into 10 topics, including People and homes, School and work, Animals and plants, Science and technology, and much more. Within each topic there are pages on different subjects, such as Family and friends, Your body, and Senses and feelings.

Το λεξικό χωρίζεται σε 10 θεματικές ενότητες, για παράδειγμα «Σχολείο και δουλειά», «Ζώα και φυτά», «Επιστήμη και τεχνολογία» και πολλές άλλες. Σε κάθε ενότητα υπάρχουν σελίδες με διαφορετικό κάθε φορά αντικείμενο, όπως «Η οικογένεια και οι φίλοι», «Το σώμα σου» ή «Οι αισθήσεις και τα συναισθήματα».

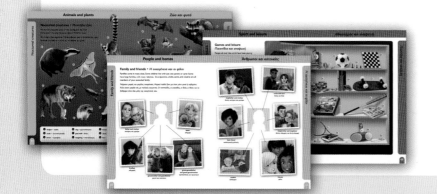

You can find a topic that specially interests you and work right through it. Or you can dip into the dictionary wherever you want.

Μπορείς να βρεις ένα θέμα που σε ενδιαφέρει πολύ και να το εξαντλήσεις, ή μπορείς να ανοίγεις το λεξικό όπου σου κάνει κέφι.

How do I find a word?
Πώς βρίσκω μια λέξη;

There are two ways to search for a word.

Υπάρχουν δύο τρόποι για να ψάξεις για μια λέξη.

You can look through the topics on the **CONTENTS PAGE.**

*Μπορείς να κοιτάξεις τα θέματα στη σελίδα των **ΠΕΡΙΕΧΟΜΕΝΩΝ**.*

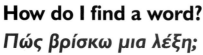

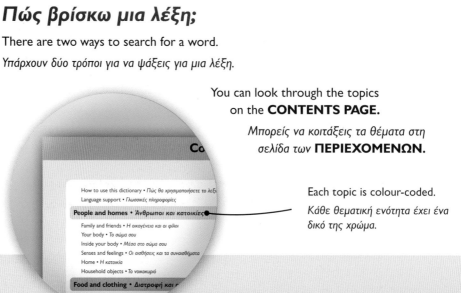

Each topic is colour-coded.

Κάθε θεματική ενότητα έχει ένα δικό της χρώμα.

Using the dictionary • Χρήση του λεξικού

On each page, words are introduced through lively images, scenes, and labelled diagrams. So it's easy to find the word you need – and discover many more words along the way.

Σε κάθε σελίδα οι λέξεις παρουσιάζονται με τη βοήθεια πολύχρωμων εικόνων, απλών ή σύνθετων, και σχεδιαγραμμάτων με επεξηγήσεις. Έτσι θα βρεις εύκολα τη λέξη που αναζητάς – και θα ανακαλύψεις και πολλές άλλες λέξεις, καθώς θα ψάχνεις.

Feature panels give more in-depth vocabulary.

Τα ειδικά πλαίσια περιέχουν πιο εξειδικευμένο λεξιλόγιο.

Side bar identifies the subject.

Στους κάθετους τίτλους αναγράφεται το αντικείμενο.

Introduction in both languages adds extra information on the subject.

Το εισαγωγικό κείμενο δίνει περισσότερες πληροφορίες για το θέμα και στις δύο γλώσσες.

Top bar identifies the topic section.

Στην κορυφή της σελίδας αναγράφεται η θεματική ενότητα.

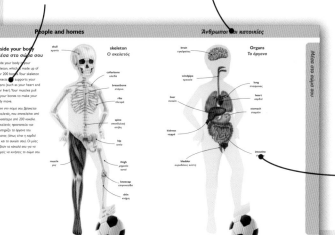

Captions provide words or phrases in two languages.

Οι λεζάντες περιέχουν λέξεις ή φράσεις και στις δύο γλώσσες.

Labels help to pinpoint the exact meaning of a word.

Οι λεζάντες βοηθούν να κατανοήσεις την ακριβή σημασία κάθε λέξης.

Or you can use the **INDEX** at the back of the book.

*Ή μπορείς να χρησιμοποιήσεις το αλφαβητικό **ΕΥΡΕΤΗΡΙΟ** στο πίσω μέρος του βιβλίου.*

There is an English and a Greek index, so you can find a word in either language.

Υπάρχει και αγγλικό ευρετήριο και ελληνικό, κι έτσι μπορείς να βρεις λέξεις και από τις δύο γλώσσες.

However you find your word, you will have fun exploring pictures and words!

Με όποιο τρόπο κι αν βρεις τη λέξη που ψάχνεις, θα διασκεδάσεις εξερευνώντας τον κόσμο των εικόνων και των λέξεων!

Language support

This book is all about learning new words in English. You will be able to look at the pictures and learn a lot of new words relating to a wide range of different themes and situations, including *Family*, *Clothes*, *Sport* and *Space*. Each theme begins with an introduction written in both languages. Read each introduction carefully and try to understand the English.

Το βιβλίο αυτό έχει στόχο να σε βοηθήσει να μάθεις νέες λέξεις στα αγγλικά. Παρατηρώντας τις εικόνες θα μπορείς να μαθαίνεις πολλές νέες λέξεις. Οι λέξεις αυτές έχουν σχέση με πολλά θέματα και ταιριάζουν σε ποικίλες καταστάσεις. Αφορούν, για παράδειγμα, θέματα όπως η οικογένεια, τα ρούχα που φοράμε, ο αθλητισμός και το διάστημα. Κάθε θέμα ξεκινά με μια εισαγωγή που είναι γραμμένη και στις δύο γλώσσες. Διάβασε κάθε εισαγωγικό κείμενο προσεκτικά και προσπάθησε να καταλάβεις τα αγγλικά.

After the introduction, you will see pictures illustrating the theme, each one labelled in both languages. There are also some panels that give a wider or more detailed range of related words.

Μετά την εισαγωγή θα δεις εικόνες σχετικές με το θέμα, με επεξηγηματικές λεζάντες και στις δύο γλώσσες. Υπάρχουν και μερικά ειδικά πλαίσια που περιέχουν συγγενικό ή πιο εξειδικευμένο λεξιλόγιο.

Most of the words you will see in this book are **nouns**. Nouns tell you the names of the different things you can see on each page, such as *wheel*, *lion*, and *seashore*. In many languages nouns are either masculine or feminine, or sometimes neuter. This is called gender. In English, however, nouns do not have any gender.

Οι περισσότερες λέξεις που θα δεις σε αυτό το βιβλίο είναι **ουσιαστικά**. *Ουσιαστικά λέγονται οι λέξεις που αποτελούν την ονομασία όλων των πραγμάτων που βλέπεις σε κάθε σελίδα, όπως είναι οι αγγλικές λέξεις wheel, lion ή seashore. Σε πολλές γλώσσες τα ουσιαστικά είναι είτε αρσενικά είτε θηλυκά είτε, μερικές φορές, ουδέτερα. Αυτά λέγονται γένη και κάθε ουσιαστικό της ελληνικής γλώσσας ανήκει σε κάποιο από τα τρία γένη. Στα αγγλικά όμως τα ουσιαστικά δεν έχουν γένος.*

When a word refers to only one thing we say that it is **singular**, and when it refers to two or more things it is **plural**. Most of the nouns in this book are singular but some are plural. To make most nouns plural, an -s is usually added to the end of the word. For example, *wheels*, *lions*, and *seashores* are all plural nouns.

*Όταν μια λέξη αναφέρεται σε ένα μόνο πράγμα, τότε λέμε ότι είναι στον **ενικό αριθμό**. Αν αναφέρεται σε δύο ή περισσότερα πράγματα, λέμε ότι είναι στον **πληθυντικό**. Τα περισσότερα ουσιαστικά σε αυτό το βιβλίο είναι στον ενικό, αλλά μερικά βρίσκονται στον πληθυντικό. Για να μετατρέψουμε τα περισσότερα αγγλικά ουσιαστικά από τον ενικό στον πληθυντικό, προσθέτουμε συνήθως ένα –s στο τέλος της λέξης. Για παράδειγμα, οι λέξεις* wheels, lions *και* seashores *είναι όλες στον πληθυντικό.*

Some words in this book are **verbs**. Verbs are words that describe an action and tell you what someone or something is doing. For example, *kick*, *throw*, and *jump* are all verbs.

*Μερικές λέξεις στο βιβλίο είναι **ρήματα**. Τα ρήματα είναι λέξεις που περιγράφουν μια ενέργεια και μας λένε τι κάνει κάποιος ή κάτι. Για παράδειγμα, οι λέξεις κλοτσάω, ρίχνω και πηδάω είναι ρήματα.*

A few of the words are **adjectives**. These are words that give more information about nouns. Adjectives usually go before a noun. For example, *big* and *small* are both adjectives, and you would say *a big dog* or *a small boy*. In many languages adjectives change according to the type of noun they are describing, but in English they usually stay the same.

*Ορισμένες λέξεις είναι **επίθετα**. Τα επίθετα μας δίνουν περισσότερες πληροφορίες για τα ουσιαστικά. Τα επίθετα μπαίνουν συνήθως πριν από τα ουσιαστικά. Για παράδειγμα, οι λέξεις μεγάλο και μικρό είναι και οι δυο επίθετα, και μιλάμε για έναν μεγάλο σκύλο ή για ένα μικρό αγόρι. Σε πολλές γλώσσες, όπως στα ελληνικά, τα επίθετα έχουν διαφορές ανάλογα με το είδος του ουσιαστικού που συνοδεύουν, αλλά στα αγγλικά συνήθως μένουν τα ίδια.*

Family and friends • *Η οικογένεια και οι φίλοι*

Families come in many sizes. Some children live with just one parent or carer. Some have large families, with many relatives. Grandparents, uncles, aunts, and cousins are all members of your extended family.

Υπάρχουν μικρές και μεγάλες οικογένειες. Μερικά παιδιά ζουν με έναν μόνο γονιό ή κηδεμόνα. Άλλα έχουν μεγάλο σόι, με πολλούς συγγενείς. Οι παππούδες, οι γιαγιάδες, οι θείοι, οι θείες και τα ξαδέρφια είναι όλοι μέλη της οικογένειάς σου.

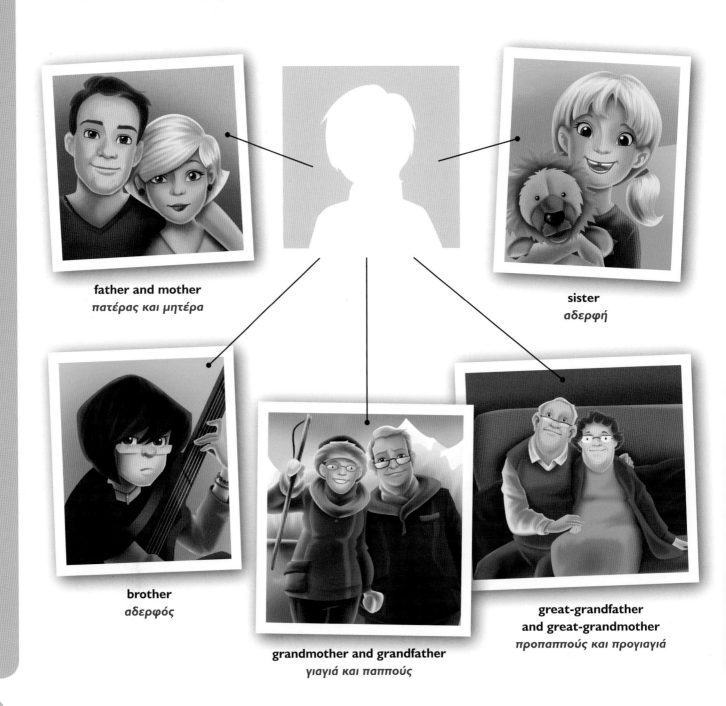

father and mother
πατέρας και μητέρα

sister
αδερφή

brother
αδερφός

grandmother and grandfather
γιαγιά και παππούς

**great-grandfather
and great-grandmother**
προπαππούς και προγιαγιά

Άνθρωποι και κατοικίες

stepfather and mother
θετός πατέρας και μητέρα

uncle and aunt
θείος και θεία

best friend
καλύτερος/η φίλος/η

stepbrother and stepsister
θετός αδερφός και θετή αδερφή

cousins
ξαδέρφια

friends
φίλοι

Your body • *Το σώμα σου*

Your body is like an incredibly complicated machine. All its parts work perfectly together, so you can do many different jobs at once. It is also busy all the time keeping you alive!

Το σώμα σου μοιάζει με μια φοβερά πολύπλοκη μηχανή. Όλα τα μέρη συνεργάζονται άριστα για να μπορείς να κάνεις ταυτόχρονα πολλά διαφορετικά πράγματα. Επίσης δουλεύει ασταμάτητα για να σε κρατάει στη ζωή!

Face • *Το πρόσωπο*

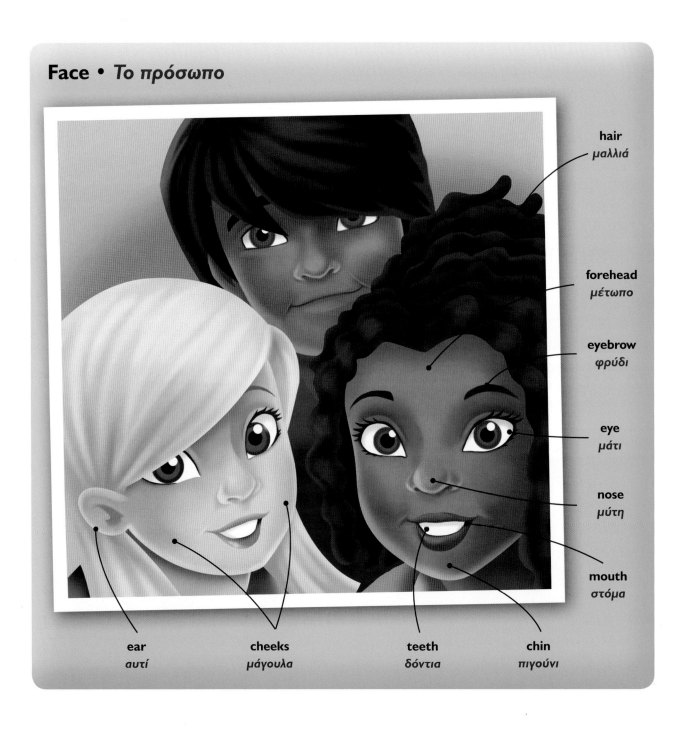

hair
μαλλιά

forehead
μέτωπο

eyebrow
φρύδι

eye
μάτι

nose
μύτη

mouth
στόμα

ear
αυτί

cheeks
μάγουλα

teeth
δόντια

chin
πιγούνι

Body
Το σώμα

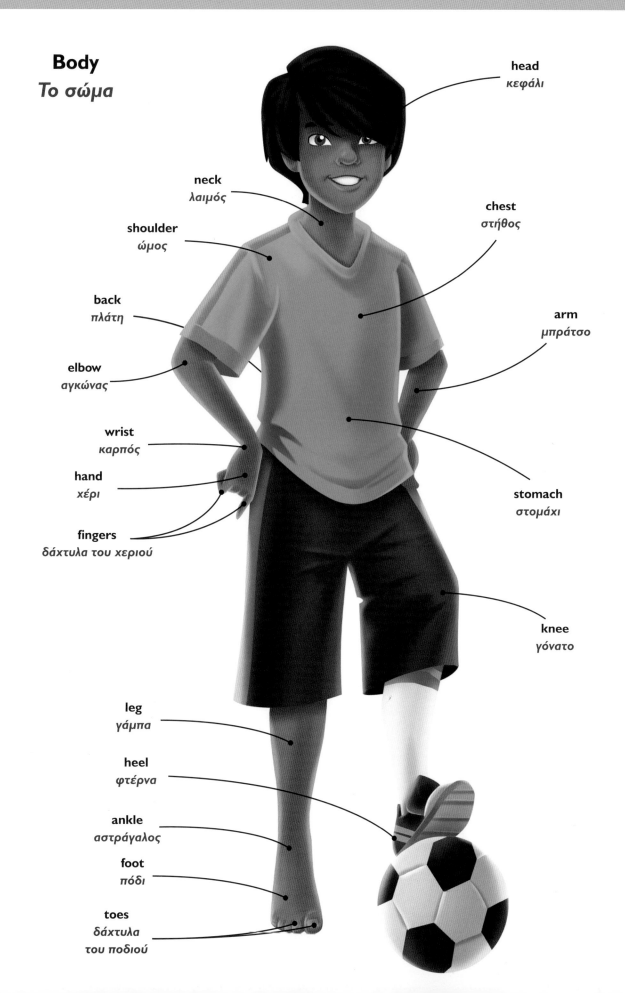

head
κεφάλι

neck
λαιμός

chest
στήθος

shoulder
ώμος

back
πλάτη

arm
μπράτσο

elbow
αγκώνας

wrist
καρπός

hand
χέρι

stomach
στομάχι

fingers
δάχτυλα του χεριού

knee
γόνατο

leg
γάμπα

heel
φτέρνα

ankle
αστράγαλος

foot
πόδι

toes
δάχτυλα
του ποδιού

Inside your body
Μέσα στο σώμα σου

Inside your body is your skeleton, which is made up of over 200 bones. Your skeleton protects and supports your organs (such as your heart and your liver). Your muscles pull on your bones to make your body move.

Μέσα στο σώμα σου βρίσκεται ο σκελετός, που αποτελείται από περισσότερα από 200 κοκάλα. Ο σκελετός προστατεύει και υποστηρίζει τα όργανα του σώματος (όπως είναι η καρδιά σου και το συκώτι σου). Οι μύες τραβούν τα κόκαλά σου για να μπορείς να κινήσεις το σώμα σου.

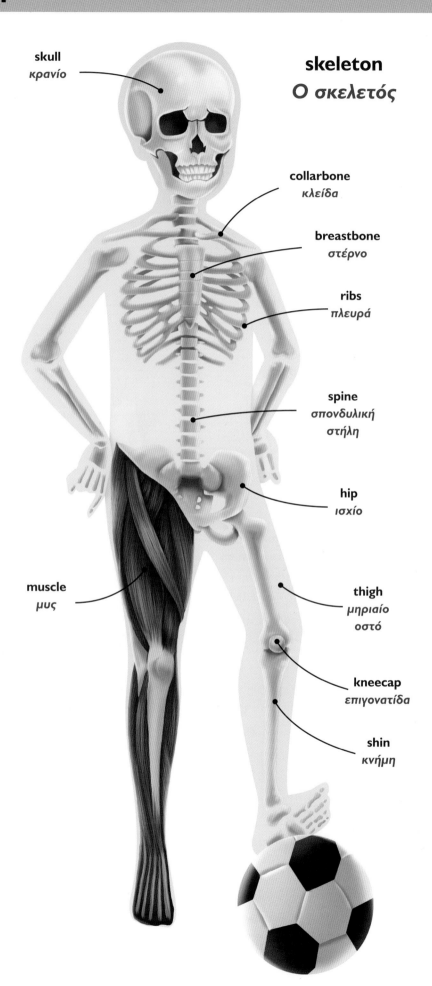

skull
κρανίο

skeleton
Ο σκελετός

collarbone
κλείδα

breastbone
στέρνο

ribs
πλευρά

spine
σπονδυλική στήλη

hip
ισχίο

muscle
μυς

thigh
μηριαίο οστό

kneecap
επιγονατίδα

shin
κνήμη

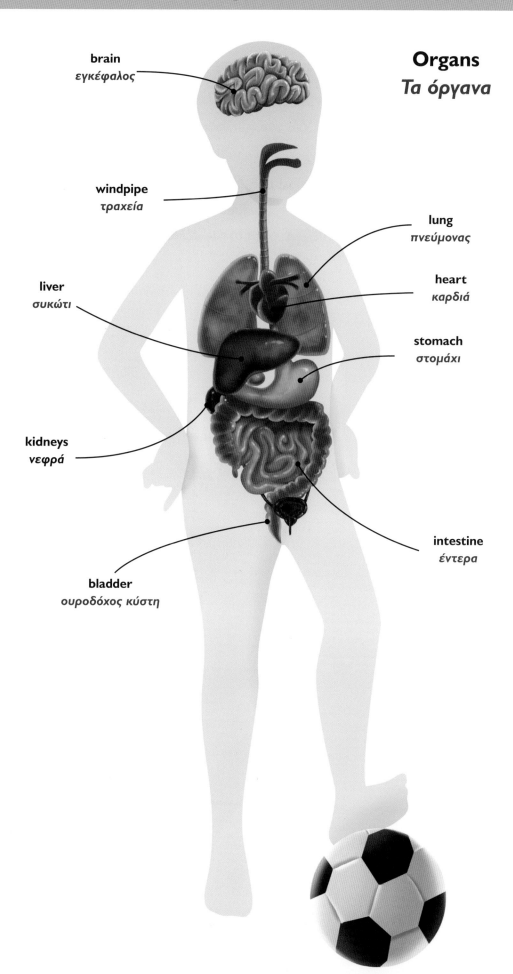

Organs
Τα όργανα

brain
εγκέφαλος

windpipe
τραχεία

lung
πνεύμονας

heart
καρδιά

liver
συκώτι

stomach
στομάχι

kidneys
νεφρά

intestine
έντερα

bladder
ουροδόχος κύστη

Senses and feelings • *Οι αισθήσεις και τα συναισθήματα*

Our senses link our bodies to the outside world. They carry signals to our brains about everything we see, hear, smell, taste, and touch. We use our faces to send signals to other people about how we are feeling.

Οι αισθήσεις μας συνδέουν το σώμα με τον κόσμο γύρω μας. Μεταφέρουν μηνύματα στον εγκέφαλό μας για όλα όσα βλέπουμε, ακούμε, μυρίζουμε, γευόμαστε και νιώθουμε με την αφή. Χρησιμοποιούμε το πρόσωπό μας για να στείλουμε μηνύματα στους άλλους σχετικά με το πώς αισθανόμαστε.

Touch • Αφή
soft απαλό
wet υγρό
sharp μυτερό
hot ζεστό
cold κρύο

Taste • Γεύση
sweet γλυκό
sour ξινό
salty αλμυρό

Hearing • Ακοή
quiet ήσυχο
loud δυνατό

Sight • Όραση
bright φωτεινό
colourful πολύχρωμο

Smell • Όσφρηση
nasty δυσάρεστο
nice ευχάριστο

happy
χαρούμενος

sad
λυπημένος

scared
φοβισμένος

angry
θυμωμένος

proud
περήφανος

excited
ζωηρός

surprised
ξαφνιασμένος

mischievous
σκανταλιάρικος

silly
σαχλός

laughing
γελαστός

confused
μπερδεμένος

bored
βαριεστημένος

Οι αισθήσεις και τα συναισθήματα

Home • Η κατοικία

Homes come in all shapes and sizes, and range from single rooms to massive mansions. Most have areas for cooking, washing, sleeping, and relaxing.

Οι ανθρώπινες κατοικίες εμφανίζουν τεράστια ποικιλία σχημάτων και μεγεθών, από σπίτια με ένα δωμάτιο μέχρι πολυώροφους πύργους. Στα περισσότερα σπίτια υπάρχουν χώροι για μαγείρεμα, πλύσιμο, ύπνο και ξεκούραση.

Homes around the world
Σπίτια από διάφορα μέρη του κόσμου

igloo
ιγκλού

yurt
γιούρτα

tepee
τιπί

roundhouse
κυκλική καλύβα

cottage
αγροικία

stilt house
πελάδα

chalet
σαλέ

Άνθρωποι και κατοικίες

1 chimney
καμινάδα

2 window
παράθυρο

3 door
πόρτα

4 roof
σκεπή

5 kitchen
κουζίνα

6 bathroom
μπάνιο

7 living room
σαλόνι

8 bedroom
κρεβατοκάμαρα

9 garage
γκαράζ

10 bath
μπανιέρα

11 toilet
τουαλέτα

12 shower
ντους

13 chair
καρέκλα

14 table
τραπέζι

15 bed
κρεβάτι

16 television
τηλεόραση

17 sink
νεροχύτης

18 cooker
ηλεκτρική κουζίνα

Household objects • *Το νοικοκυριό*

Our homes are full of useful household tools and materials. We use these household objects every day to cook our food and to keep ourselves clean.

Το σπίτι μας είναι γεμάτο χρήσιμα οικιακά σκεύη και υλικά. Χρησιμοποιούμε κάθε μέρα τα αντικείμενα αυτά για να μαγειρεύουμε το φαγητό μας και για να μένουμε καθαροί.

In the kitchen • *Στην κουζίνα*

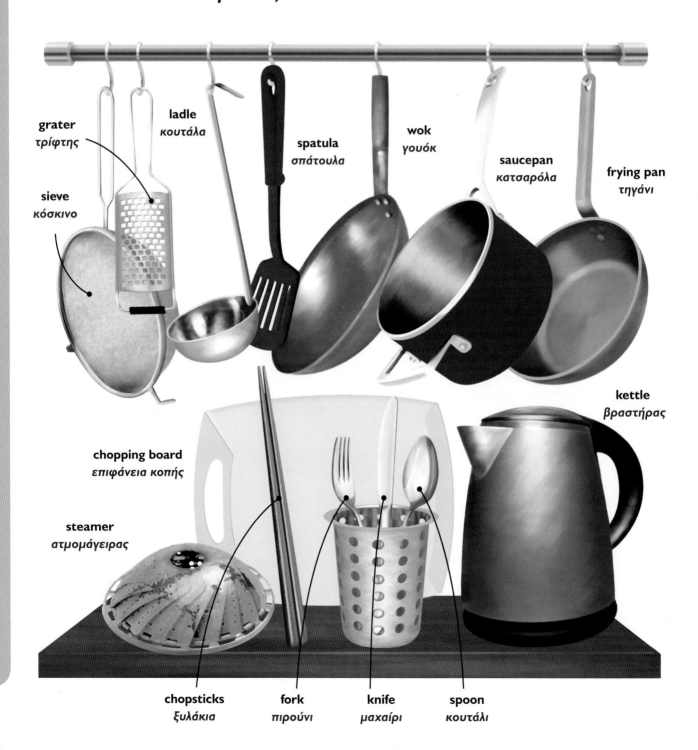

grater
τρίφτης

sieve
κόσκινο

ladle
κουτάλα

spatula
σπάτουλα

wok
γουόκ

saucepan
κατσαρόλα

frying pan
τηγάνι

kettle
βραστήρας

chopping board
επιφάνεια κοπής

steamer
ατμομάγειρας

chopsticks
ξυλάκια

fork
πιρούνι

knife
μαχαίρι

spoon
κουτάλι

In the bathroom • Στο μπάνιο

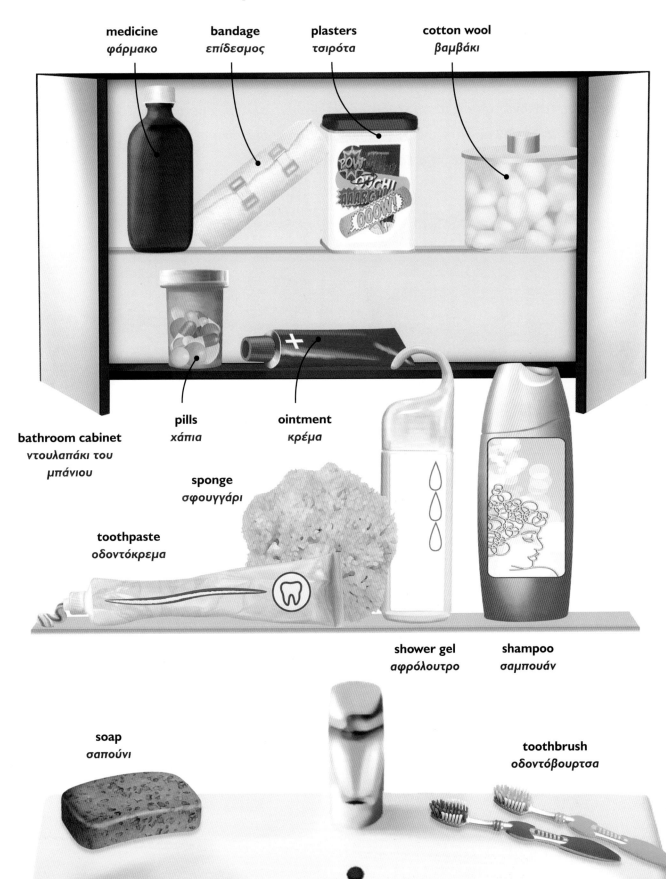

medicine
φάρμακο

bandage
επίδεσμος

plasters
τσιρότα

cotton wool
βαμβάκι

pills
χάπια

ointment
κρέμα

bathroom cabinet
ντουλαπάκι του μπάνιου

sponge
σφουγγάρι

toothpaste
οδοντόκρεμα

shower gel
αφρόλουτρο

shampoo
σαμπουάν

soap
σαπούνι

toothbrush
οδοντόβουρτσα

Food and drink • Φαγητό και ποτό

We need food and drink to keep us alive, but some foods are better for our health than others. The pyramid opposite shows healthy foods at the bottom and less healthy foods at the top.

Για να μένουμε ζωντανοί, χρειάζεται να τρώμε και να πίνουμε, αλλά ορισμένες τροφές είναι καλύτερες για την υγεία μας απ' ό,τι άλλες. Η πυραμίδα στην απέναντι σελίδα δείχνει τις πιο υγιεινές τροφές στη βάση και τις λιγότερο υγιεινές στην κορυφή.

Drinks • Ποτά

green tea
πράσινο τσάι

hot chocolate
ζεστή σοκολάτα

fruit juice
χυμός

coffee
καφές

fizzy drink
αναψυκτικό

water
νερό

tea
τσάι

milk
γάλα

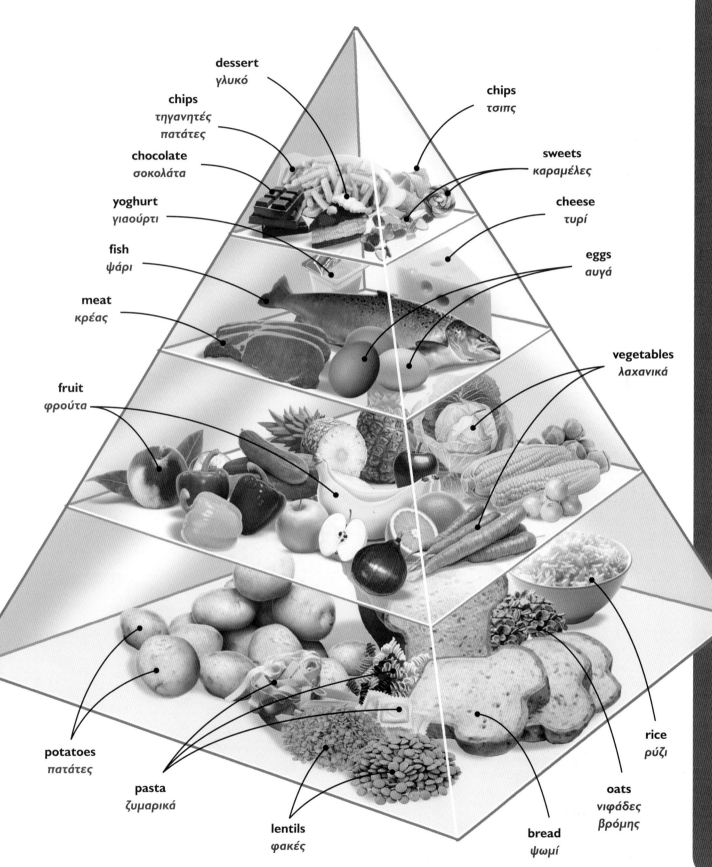

dessert
γλυκό

chips
τηγανητές
πατάτες

chocolate
σοκολάτα

yoghurt
γιαούρτι

fish
ψάρι

meat
κρέας

fruit
φρούτα

chips
τσιπς

sweets
καραμέλες

cheese
τυρί

eggs
αυγά

vegetables
λαχανικά

potatoes
πατάτες

pasta
ζυμαρικά

lentils
φακές

bread
ψωμί

oats
νιφάδες
βρόμης

rice
ρύζι

All sorts of food • Διάφορα είδη φαγητών

People have a snack when they need a small meal that can be eaten fast.
If they have more time, they can enjoy a main course and a dessert.

Όταν κάποιος βιάζεται και χρειάζεται ένα μικρό γεύμα, τρώει ένα σνακ. Αν έχει περισσότερο χρόνο, μπορεί να απολαύσει ένα πλήρες γεύμα με κυρίως πιάτα και επιδόρπιο.

SNACKS
ΣΝΑΚ

sandwich
σάντουιτς

wrap
γεμιστή τορτίγια

burger
χάμπουργκερ

soup   roll
σούπα   ψωμάκι

pizza
πίτσα

MAIN COURSES
ΚΥΡΙΩΣ ΠΙΑΤΑ

steak
μπριζόλα

paella
παέγια

lamb
αρνί

curry
κρέας με κάρι

meatballs
κεφτέδες

chicken
κοτόπουλο

Weird and exotic foods • Παράξενα και εξωτικά φαγητά

frogs' legs
βατραχοπόδαρα

stinging nettle soup
σούπα από τσουκνίδες

fried tarantulas
τηγανητές ταραντούλες

MAIN COURSES
ΚΥΡΙΩΣ ΠΙΑΤΑ

salad
σαλάτα

tapas
τάπας

tofu
τόφου

spaghetti
μακαρόνια

omelette
ομελέτα

DESSERTS
ΕΠΙΔΟΡΠΙΑ

ice cream
παγωτό

fruit salad
φρουτοσαλάτα

cupcakes
κεκάκια

pancakes
κρέπες

gateau
τούρτα

Fruit and vegetables

Fruit and vegetables • *Φρούτα και λαχανικά*

Fruit and vegetables are parts of plants. A fruit is the part of a plant that contains its seeds, pips, or stone. Vegetables are the roots, leaves, or stems of a plant.

Τα φρούτα και τα λαχανικά αποτελούν τμήματα φυτών. Το φρούτο είναι εκείνο το μέρος ενός φυτού που περιέχει τους σπόρους ή το κουκούτσι του. Τα λαχανικά είναι οι ρίζες, τα φύλλα ή οι βλαστοί ενός φυτού.

strawberries
φράουλες

onion
κρεμμύδι

peppers
πιπεριές

avocados
αβοκάντο

peas
αρακάς

tomatoes
ντομάτες

carrots
καρότα

peaches
ροδάκινα

figs
σύκα

lemons
λεμόνια

pumpkins
κολοκύθες

**Inside
an apple**

pips
κουκούτσια

*Το εσωτερικό
ενός μήλου*

flesh
σάρκα

stem
κοτσάνι

skin
φλούδα

oranges
πορτοκάλια

cherries
κεράσια

cucumber
αγγούρι

potatoes
πατάτες

bananas
μπανάνες

sweetcorn
καλαμπόκι

cabbage
λάχανο

watermelon
καρπούζι

green beans
φασολάκια

pears
αχλάδια

Everyday clothes • *Καθημερινά ρούχα*

Clothes protect your body and help to keep you clean, warm, and dry.
They can make you look good too!

Τα ρούχα προφυλάσσουν το σώμα μας και μας βοηθούν να μένουμε καθαροί, ζεστοί και στεγνοί.
Επιπλέον, μας κάνουν να φαινόμαστε κουλ!

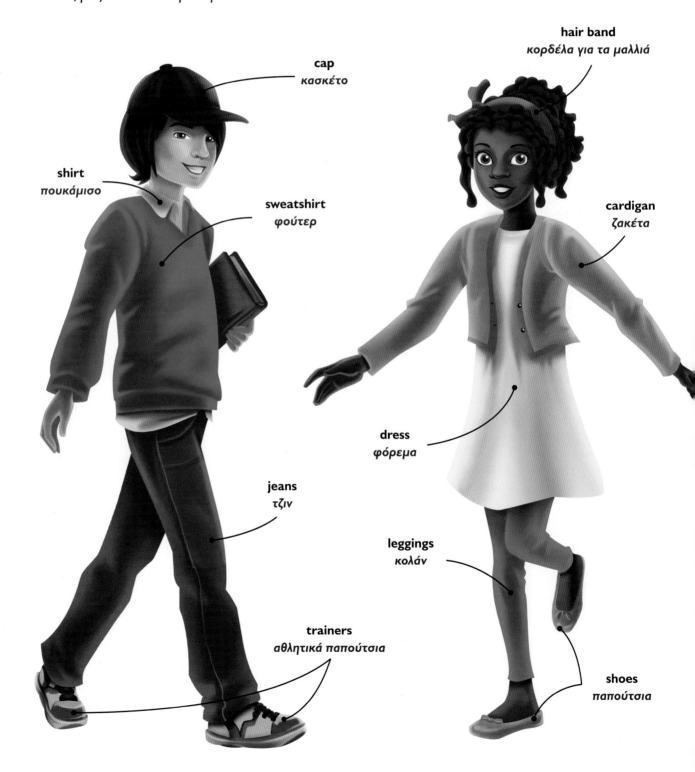

cap
κασκέτο

hair band
κορδέλα για τα μαλλιά

shirt
πουκάμισο

sweatshirt
φούτερ

cardigan
ζακέτα

dress
φόρεμα

jeans
τζιν

leggings
κολάν

trainers
αθλητικά παπούτσια

shoes
παπούτσια

hat
καπέλο

scarf
κασκόλ

gloves
γάντια

jacket
μπουφάν

tights
καλσόν

skirt
φούστα

boots
μπότες

T-shirt
μπλουζάκι

tracksuit top
φόρμα

shorts
σορτς

socks
κάλτσες

football boots
ποδοσφαιρικά
παπούτσια

29

All sorts of clothes • *Διάφορα ρούχα*

On this page you can see some historical costumes from ancient Rome, Europe, and Japan. The opposite page includes some examples of clothes from different countries.

Σε αυτή τη σελίδα μπορείς να δεις ορισμένες ιστορικές ενδυμασίες από την αρχαία Ρώμη, την Ευρώπη και την Ιαπωνία. Στην απέναντι σελίδα υπάρχουν μερικά παραδείγματα ρούχων από διάφορες χώρες.

Japanese empress
Γιαπωνέζα αυτοκράτειρα

fan
βεντάλια

kimono
κιμονό

medieval queen
μεσαιωνική βασίλισσα

crown
κορόνα

cloak
κάπα

medieval knight
μεσαιωνικός ιππότης

breastplate
θώρακας

suit of armour
πανοπλία

ancient Roman
αρχαίος Ρωμαίος

toga
τήβεννος

sandals
σανδάλια

Japanese samurai warrior
Γιαπωνέζος πολεμιστής σαμουράι

helmet
κράνος

gauntlet
χειρόκτιο

All sorts of clothes

jacket
σακάκι

kilt
σκοτσέζικη
φούστα

blouse
μπλούζα

apron
ποδιά

clogs
τσόκαρα

sari
σάρι

tie
γραβάτα

suit
κουστούμι

turban
τουρμπάνι

top hat
ημίψηλο
καπέλο

waistcoat
γιλέκο

veil
πέπλο

wedding
dress
νυφικό

31

At school • Στο σχολείο

Most children have to go to school. In some countries, children start school at age four, in other countries they start at age seven. At school, you learn and practise some very important skills. You study a range of subjects that help you understand the world around you.

Τα περισσότερα παιδιά πρέπει να πάνε στο σχολείο. Σε μερικές χώρες τα παιδιά ξεκινούν το σχολείο σε ηλικία τεσσάρων χρονών, σε άλλες χώρες ξεκινούν σε ηλικία επτά χρονών. Στο σχολείο μαθαίνεις να κάνεις μερικά πολύ σημαντικά πράγματα και εξασκείσαι σε αυτά. Μελετάς μια σειρά από αντικείμενα που σε βοηθούν να καταλάβεις τον κόσμο γύρω σου.

clock
ρολόι

timetable
ωρολόγιο πρόγραμμα

wall chart
αφίσα

Lessons • Μαθήματα

English – Αγγλικά
History – Ιστορια
Geography – Γεωγραφια
Science – Φυσικές επιστήμες
Maths – Μαθηματικά
Technology – Τεχνολογια
Music – Μουσικη
Art – Καλλιτεχνικά

homework – εργασια για το σπιτι
coursework – ασκήσεις
project – ερευνητικη εργασια
exam – διαγώνισμα

whiteboard
πίνακας

① **desk**
θρανίο

② **calculator**
κομπιουτεράκι

③ **exercise book**
τετράδιο

④ **text book**
σχολικό βιβλίο

⑤ **file**
ντοσιέ

⑥ **writing pad**
σημειωματάριο

⑦ **ruler**
χάρακας

⑧ **globe**
υδρόγειος

⑨ **stapler**
συρραπτικό

⑩ **pen**
στιλό

⑪ **pencil**
μολύβι

⑫ **rubber**
γόμα

All sorts of work • *Διάφορα επαγγέλματα*

There are so many different types of work. What kind of work do you want to do? You may be interested in working with computers. Or would you like to work with animals? Think of all the jobs you could try.

Υπάρχουν τόσο πολλά διαφορετικά επαγγέλματα! Εσύ με τι είδους δουλειά θέλεις να ασχοληθείς; Ίσως σε ενδιαφέρει να δουλέψεις με υπολογιστές. Ή μήπως θα ήθελες να εργάζεσαι με ζώα; Σκέψου όλα τα επαγγέλματα που θα μπορούσες να δοκιμάσεις.

engineer
μηχανικός

architect
αρχιτέκτονας

vet
κτηνίατρος

bus driver
οδηγός λεωφορείου

chef
σεφ

lawyer
δικηγόρος

nurse
νοσοκόμος

reporter
ρεπόρτερ

police officer
αστυνομικός

teacher
δάσκαλος

57 ×
92

Work equipment and clothing • *Εξοπλισμός και ένδυση για τη δουλειά*

Some people need special equipment and clothing to do their work. Builders, divers, and firefighters need clothes that keep them safe. Surgeons wear clothing that stops germs spreading.

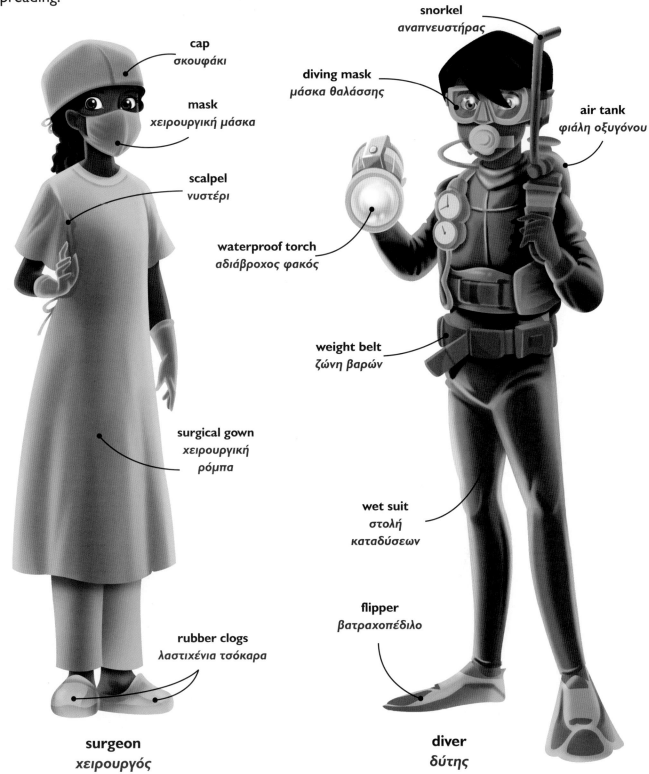

cap
σκουφάκι

mask
χειρουργική μάσκα

scalpel
νυστέρι

surgical gown
χειρουργική ρόμπα

rubber clogs
λαστιχένια τσόκαρα

surgeon
χειρουργός

snorkel
αναπνευστήρας

diving mask
μάσκα θαλάσσης

air tank
φιάλη οξυγόνου

waterproof torch
αδιάβροχος φακός

weight belt
ζώνη βαρών

wet suit
στολή καταδύσεων

flipper
βατραχοπέδιλο

diver
δύτης

Μερικοί άνθρωποι χρειάζονται ειδικό εξοπλισμό και ειδικά ρούχα για να κάνουν τη δουλειά τους. Οι οικοδόμοι, οι δύτες και οι πυροσβέστες χρειάζονται ρούχα που θα τους προστατεύουν. Οι χειρουργοί φορούν ειδική ενδυμασία που εμποδίζει την εξάπλωση μικροβίων.

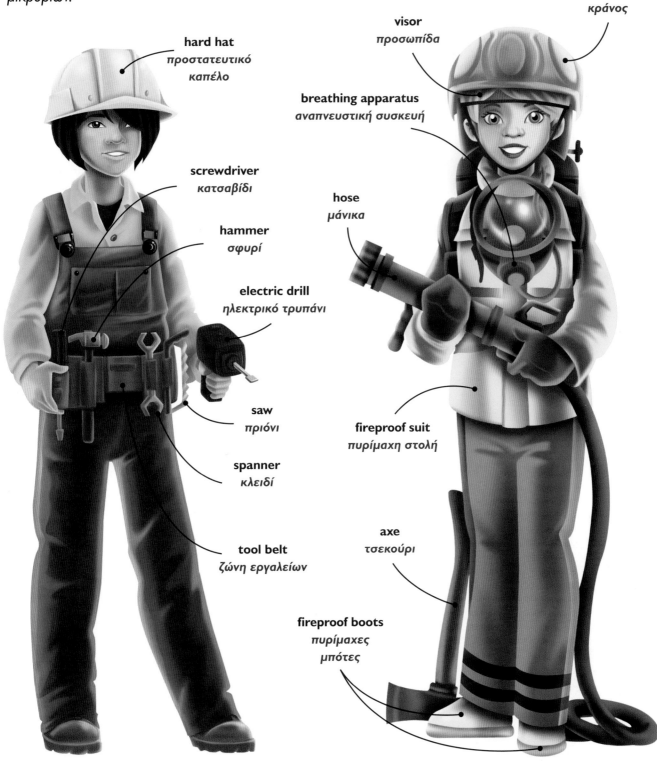

helmet
κράνος

visor
προσωπίδα

hard hat
προστατευτικό καπέλο

breathing apparatus
αναπνευστική συσκευή

screwdriver
κατσαβίδι

hose
μάνικα

hammer
σφυρί

electric drill
ηλεκτρικό τρυπάνι

saw
πριόνι

spanner
κλειδί

fireproof suit
πυρίμαχη στολή

tool belt
ζώνη εργαλείων

axe
τσεκούρι

fireproof boots
πυρίμαχες μπότες

builder
οικοδόμος

firefighter
πυροσβέστης

37

Sports • *Τα αθλήματα*

Sport is important, it keeps us fit and is fun. Professional athletes all over the world train hard to compete in top competitions, such as the Olympics. There are two Olympics – one in summer and one in winter.

Ο αθλητισμός είναι σημαντικός, μας κρατά σε φόρμα και μας διασκεδάζει. Σε όλο τον κόσμο επαγγελματίες αθλητές προπονούνται σκληρά για να αγωνιστούν σε κορυφαίες διοργανώσεις όπως οι Ολυμπιακοί αγώνες. Υπάρχουν δύο ειδών Ολυμπιάδες – οι θερινές και οι χειμερινές.

football
ποδόσφαιρο

tennis
τένις

baseball
μπέιζμπολ

rugby
ράγκμπι

gymnastics
ενόργανη γυμναστική

volleyball
βόλεϊ

archery
τοξοβολία

cycling
ποδηλασία

athletics
αγωνίσματα στίβου

Football • Το ποδόσφαιρο

referee • *διαιτητής*
save • *αποκρούω*
score • *σκοράρω*
goal • *γκολ*
penalty • *πέναλτι*
free kick • *ελεύθερο λάκτισμα*
defender • *αμυντικός*
goalkeeper • *τερματοφύλακας*
striker • *επιθετικός*

basketball
μπάσκετ

judo
τζούντο

cricket
κρίκετ

golf
γκολφ

swimming
κολύμβηση

ice hockey
χόκεϊ επί πάγου

Sports in action • Δράση στον αθλητισμό

Taking part in any kind of sport means a lot of action! Running is part of many sports but there are many other activities too.

Με όποιο σπορ και αν ασχοληθείς, θα υπάρχει μπόλικη δράση! Σε πολλά αθλήματα τρέχουμε, αλλά γίνονται επίσης και πολλές άλλες ενέργειες.

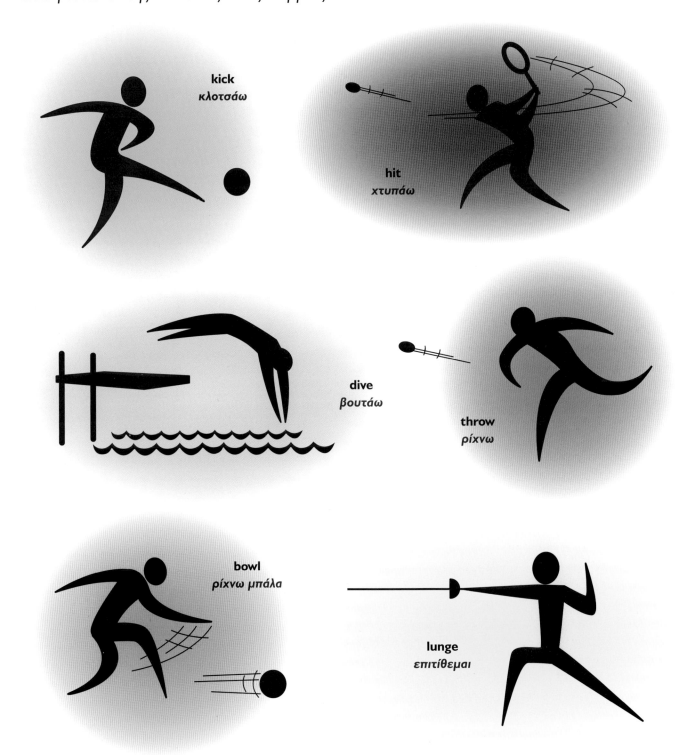

kick
κλοτσάω

hit
χτυπάω

dive
βουτάω

throw
ρίχνω

bowl
ρίχνω μπάλα

lunge
επιτίθεμαι

catch
πιάνω

shoot
κάνω βολή

jump
πηδάω

ski
κάνω σκι

skate
πατινάρω

ride
ιππεύω

paddle
κωπηλατώ

Games and leisure
Παιχνίδια και αναψυχή

People all over the world have been playing games for centuries. Chess, kites, and yo-yos have a very long history. Electronic games are a recent invention.

Οι άνθρωποι σε όλο τον κόσμο παίζουν παιχνίδια εδώ και αιώνες. Το σκάκι, οι χαρταετοί και το γιογιό έχουν πολύ μεγάλη ιστορία. Τα ηλεκτρονικά παιχνίδια είναι πρόσφατη εφεύρεση.

1 skateboard
σκέιτμπορντ

2 rollerblades
ρόλερ

3 football
μπάλα ποδοσφαίρου

4 racket
ρακέτα

5 shuttlecock
φτερό για μπάντμιντον

6 bat
μπαστούνι του μπέιζμπολ

7 yo-yo
γιογιό

8 kite
αετός

9 juggling balls
μπαλάκια για ζογκλέρ

10 chessboard
σκακιέρα

11 chess pieces
πιόνια σκακιού

12 earphones
ακουστικά

13 jigsaw puzzle
παζλ

14 board game
επιτραπέζιο παιχνίδι

15 magazine
περιοδικό

16 novel
μυθιστόρημα

17 DVD
ντιβιντί

18 music player
συσκευή αναπαραγωγής μουσικής

19 games console
κονσόλα παιχνιδιών

20 model
μοντέλο

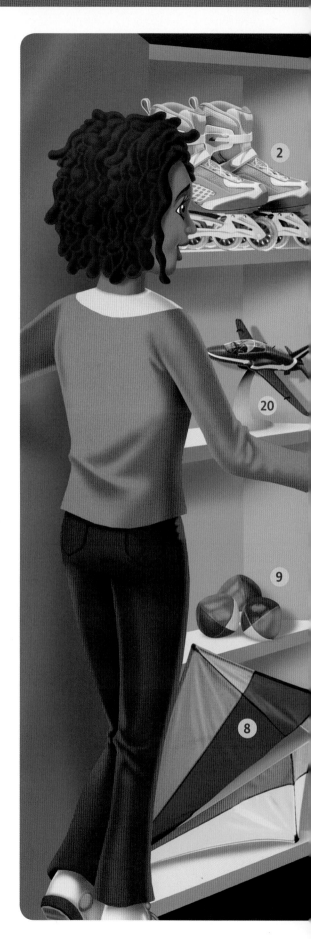

Art • *Η τέχνη*

People create art by observing what they see around them, or by using their imagination.
We can use paints, cameras, clay, or even marble to create art.
You can see the work of famous artists in galleries around the world.

Οι άνθρωποι δημιουργούν τέχνη παρατηρώντας αυτά που βλέπουν γύρω τους ή χρησιμοποιώντας τη φαντασία τους. Μπορούμε να αξιοποιήσουμε μπογιές, φωτογραφικές μηχανές, πηλό ή ακόμα και μάρμαρο για να κατασκευάσουμε ένα έργο τέχνης. Μπορείς να δεις τα έργα διάσημων καλλιτεχνών στις γκαλερί όλου του κόσμου.

portrait
πορτρέτο

sketch
σχέδιο

photograph
φωτογραφία

still life
νεκρή φύση

watercolour landscape
υδατογραφία με τοπίο

cartoon
κόμικ

Artist's equipment • Ο εξοπλισμός του καλλιτέχνη

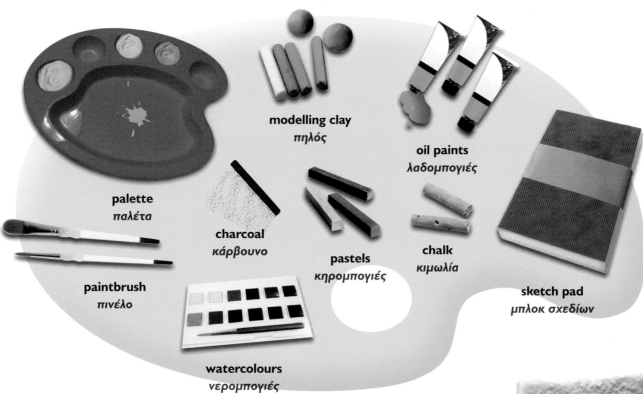

modelling clay
πηλός

oil paints
λαδομπογιές

palette
παλέτα

charcoal
κάρβουνο

pastels
κηρομπογιές

chalk
κιμωλία

paintbrush
πινέλο

sketch pad
μπλοκ σχεδίων

watercolours
νερομπογιές

stained glass
βιτρό

tapestry
ταπισερί

graffiti
γκράφιτι

sculpture
γλυπτό

Musical instruments • *Τα μουσικά όργανα*

There are four main types of musical instruments. Stringed instruments have strings to pluck or play with a bow. Keyboard instruments have keys to press. Wind instruments are played by blowing air through them. Percussion instruments are banged to make noise.

Υπάρχουν τέσσερα βασικά είδη μουσικών οργάνων. Τα έγχορδα έχουν χορδές που τσιμπάμε ή παίζουμε με δοξάρι. Τα όργανα με πληκτρολόγιο έχουν πλήκτρα που πατάμε. Για να παίξουμε πνευστά όργανα, πρέπει να φυσήξουμε αέρα μέσα τους. Τα κρουστά βγάζουν ήχο όταν τα χτυπάμε.

Wind instruments
Πνευστά όργανα

Keyboard instruments
Όργανα με πληκτρολόγιο

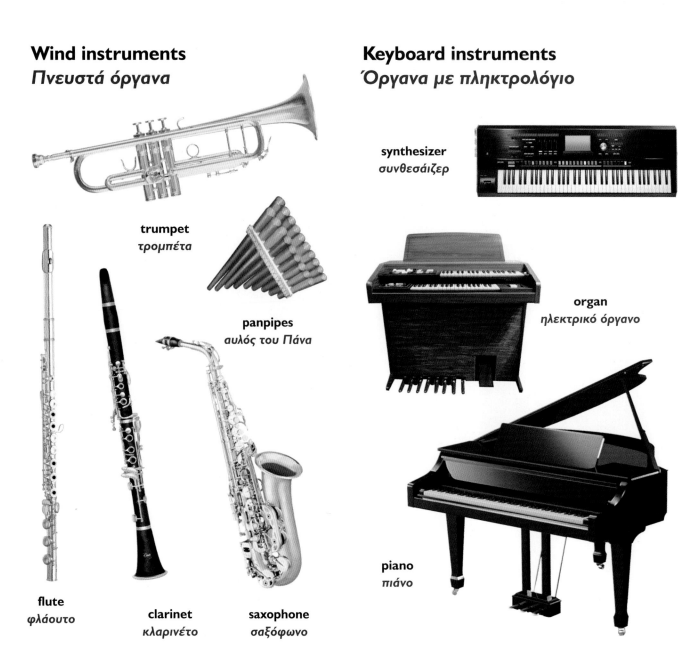

trumpet
τρομπέτα

synthesizer
συνθεσάιζερ

panpipes
αυλός του Πάνα

organ
ηλεκτρικό όργανο

piano
πιάνο

flute
φλάουτο

clarinet
κλαρινέτο

saxophone
σαξόφωνο

Stringed instruments • *Έγχορδα όργανα*

sitar
σιτάρ

bow
δοξάρι

harp
άρπα

double-bass
κοντραμπάσο

cello
βιολοντσέλο

violin
βιολί

guitar
κιθάρα

Percussion instruments
Κρουστά όργανα

maracas
μαράκες

tambourine
ντέφι

cymbals
κύμβαλα

drums
ντραμς

tabla
τάμπλα

Music and dance • *Μουσική και χορός*

People around the world love to create different types of music and dance.
Music can be played by a large orchestra, by a small band, or by a solo performer.
You can dance alone, with a partner, or in a group.

Σε όλο τον κόσμο οι άνθρωποι χαίρονται να δημιουργούν μουσικές και χορούς διαφόρων ειδών. Η μουσική μπορεί να παιχτεί από μια μεγάλη ορχήστρα, από ένα μικρό μουσικό συγκρότημα ή από έναν μόνο καλλιτέχνη. Μπορείς να χορέψεις μόνος, με ταίρι ή με ομάδα.

classical music
κλασική μουσική

rock
ροκ

jazz
τζαζ

pop
ποπ

folk
φολκ

reggae
ρέγκε

rap
ραπ

soul
σόουλ

world music
έθνικ

Dance • Χορός

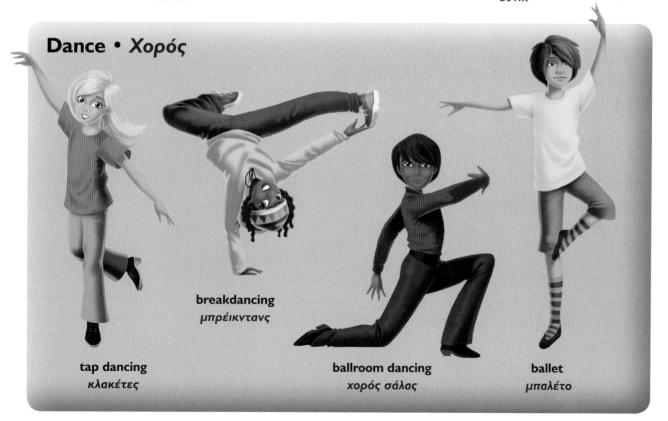

tap dancing
κλακέτες

breakdancing
μπρέικντανς

ballroom dancing
χορός σάλας

ballet
μπαλέτο

TV, film, and theatre

Τηλεόραση, σινεμά και θέατρο

Teamwork is important when a show is being made for television, cinema, or the theatre. A talent show being filmed in a theatre needs a lot of people and equipment.

Η ομαδική δουλειά είναι σημαντική όταν ετοιμάζεται ένα σόου για την τηλεόραση, μια ταινία για τον κινηματογράφο ή μια παράσταση για το θέατρο. Για να κινηματογραφηθεί ένα σόου ταλέντων σε ένα θέατρο, χρειάζονται πολλοί άνθρωποι και πολλά μηχανήματα.

1 camera operator
καμεραμάν

2 sound engineer
ηχολήπτης

3 director
σκηνοθέτης

4 camera
κάμερα

5 stage
σκηνή

6 spotlight
προβολέας

7 microphone
μικρόφωνο

8 singer
τραγουδιστής

9 dancer
χορεύτρια

10 actor
ηθοποιός

11 costume
κοστούμι

12 scenery
σκηνικά

13 stage manager
διευθυντής σκηνής

14 monitor screen
οθόνη του μόνιτορ

15 clapperboard
κλακέτα

16 curtains
αυλαία

17 producer
παραγωγός

18 audience
κοινό

TV shows and films • *Τηλεοπτικές εκπομπές και ταινίες*

What kind of films and TV shows do you like? Do you prefer comedies or films that make you think? Some films and TV programmes show real events. Others show imaginary situations.

Τι είδους ταινίες και τηλεοπτικές εκπομπές σού αρέσουν; Προτιμάς τις κωμωδίες ή τις ταινίες που σε κάνουν να σκέφτεσαι; Μερικές ταινίες και εκπομπές δείχνουν αληθινά γεγονότα. Άλλες δείχνουν φανταστικές καταστάσεις.

horror
ταινία τρόμου

science fiction and fantasy
ταινία επιστημονικής φαντασίας

action and adventure
ταινία δράσης και περιπέτειας

comedy
κωμωδία

cartoon
κινούμενα σχέδια

news programme
δελτίο ειδήσεων

sports programme
αθλητική εκπομπή

talk show
εκπομπή με συνεντεύξεις

nature documentary
ντοκιμαντέρ για τη φύση

game show
τηλεπαιχνίδι

Passenger vehicles

Passenger vehicles • *Επιβατικά οχήματα*

There are many ways to travel. You can go by public transport, such as the train, bus or tube, or you can use your own vehicle, such a bicycle or a car.

Υπάρχουν πολλοί τρόποι για να ταξιδέψει κανείς. Μπορείς να μετακινηθείς με τις δημόσιες συγκοινωνίες, όπως είναι το τρένο, το λεωφορείο ή το μετρό, ή μπορείς να χρησιμοποιήσεις το δικό σου όχημα, για παράδειγμα ένα ποδήλατο ή ένα αυτοκίνητο.

Parts of a car • *Τα μέρη του αυτοκινήτου*

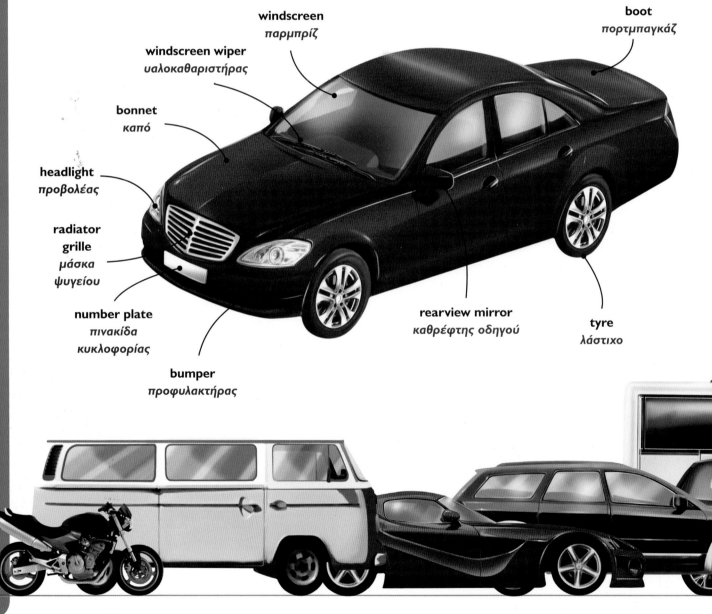

windscreen
παρμπρίζ

boot
πορτμπαγκάζ

windscreen wiper
υαλοκαθαριστήρας

bonnet
καπό

headlight
προβολέας

radiator
grille
μάσκα
ψυγείου

number plate
πινακίδα
κυκλοφορίας

bumper
προφυλακτήρας

rearview mirror
καθρέφτης οδηγού

tyre
λάστιχο

motorbike
μοτοσικλέτα

campervan
βανάκι

sports car
σπορ αμάξι

estate car
στέισον βάγκον

Going up! • Ανεβαίνοντας ψηλά!

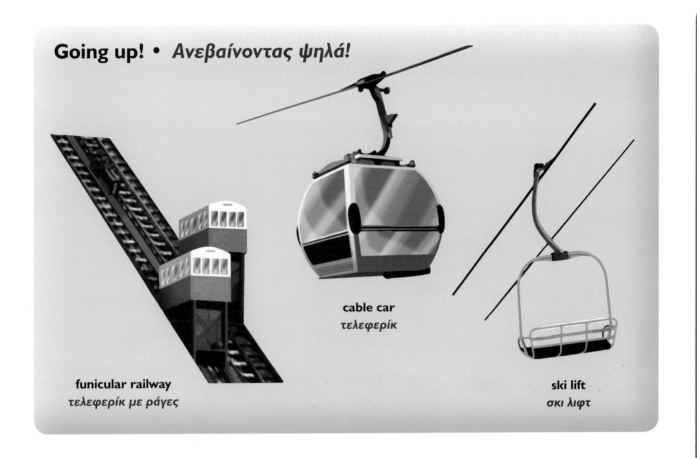

funicular railway
τελεφερίκ με ράγες

cable car
τελεφερίκ

ski lift
σκι λιφτ

train • **τρένο**

coach
πούλμαν

SUV	**moped**	**taxi**	**bicycle**
τζιπ	*μηχανάκι*	*ταξί*	*ποδήλατο*

Working vehicles • *Επαγγελματικά οχήματα*

Vehicles do many important jobs. Lorries and tankers transport heavy loads. Emergency vehicles provide essential help.

Τα οχήματα είναι χρήσιμα σε πολλές σημαντικές εργασίες. Τα φορτηγά και τα βυτιοφόρα μεταφέρουν βαριά φορτία. Τα οχήματα άμεσης επέμβασης προσφέρουν βοήθεια όπου χρειάζεται.

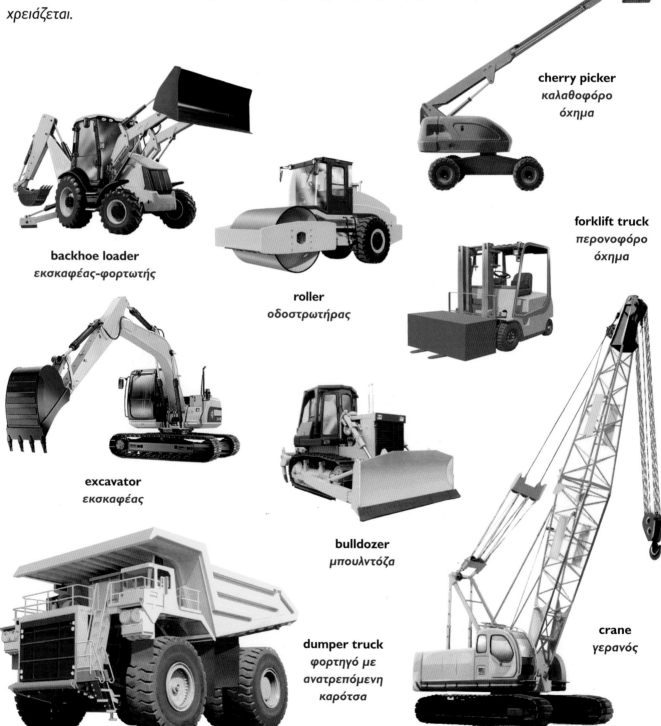

cherry picker
καλαθοφόρο όχημα

backhoe loader
εκσκαφέας-φορτωτής

roller
οδοστρωτήρας

forklift truck
περονοφόρο όχημα

excavator
εκσκαφέας

bulldozer
μπουλντόζα

crane
γερανός

dumper truck
φορτηγό με ανατρεπόμενη καρότσα

ambulance
ασθενοφόρο

fire engine
πυροσβεστικό όχημα

amphibious vehicle
αμφίβιο όχημα

snowmobile
σνοουμομπίλ

delivery van
φορτηγάκι

police car
περιπολικό

skip truck
φορτηγό μεταφοράς κάδων

snow plough
εκχιονιστικό όχημα

car transporter
νταλίκα μεταφοράς αυτοκινήτων

mixer truck
μπετονιέρα

heavy goods vehicle
νταλίκα μεταφοράς φορτίων

Aircraft • Αεροσκάφη

Aircraft are powered by jet engines, by propellers, or by rotor blades. A hot-air balloon rises up because the air inside its envelope is lighter than the surrounding air. Gliders ride on currents of air, known as thermals.

Τα αεροσκάφη πετούν με τη βοήθεια μηχανών, ελίκων ή στροφείων. Το αερόστατο σηκώνεται ψηλά επειδή ο ζεστός αέρας μέσα στο μπαλόνι είναι ελαφρύτερος από τον αέρα που βρίσκεται έξω από αυτό. Τα ανεμοπλάνα εκμεταλλεύονται τα ρεύματα του αέρα που λέγονται θερμικά.

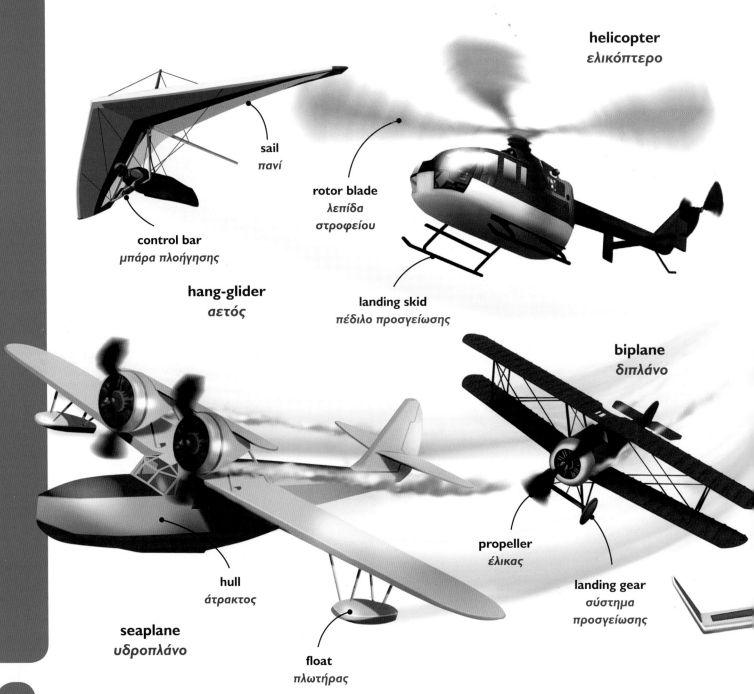

helicopter
ελικόπτερο

sail
πανί

rotor blade
λεπίδα στροφείου

control bar
μπάρα πλοήγησης

hang-glider
αετός

landing skid
πέδιλο προσγείωσης

biplane
διπλάνο

propeller
έλικας

hull
άτρακτος

landing gear
σύστημα προσγείωσης

seaplane
υδροπλάνο

float
πλωτήρας

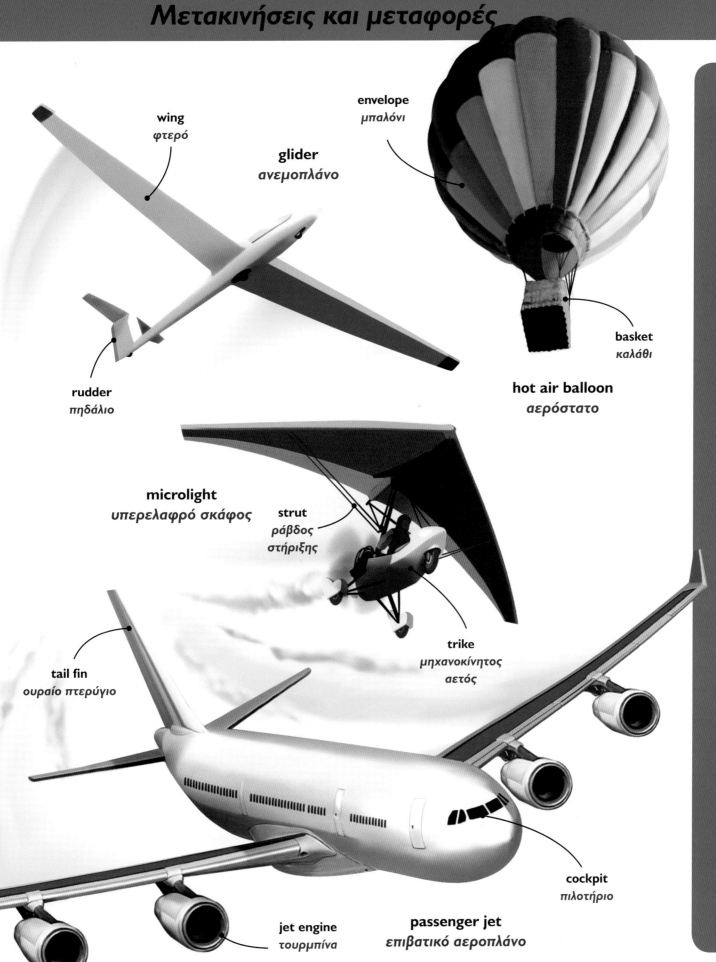

wing
φτερό

glider
ανεμοπλάνο

envelope
μπαλόνι

rudder
πηδάλιο

basket
καλάθι

hot air balloon
αερόστατο

microlight
υπερελαφρό σκάφος

strut
ράβδος στήριξης

trike
μηχανοκίνητος αετός

tail fin
ουραίο πτερύγιο

cockpit
πιλοτήριο

jet engine
τουρμπίνα

passenger jet
επιβατικό αεροπλάνο

Ships, boats, and other craft
Πλοία, βάρκες και άλλα σκάφη

Today, most large ships and boats have some kind of engine. Sailing boats rely on wind power. A rowing boat has a set of oars, and a canoe has a paddle.

Σήμερα τα περισσότερα μικρά και μεγάλα πλοία έχουν κάποιου είδους μηχανή. Τα ιστιοφόρα βασίζονται στη δύναμη του ανέμου. Οι βάρκες έχουν ζεύγη από κουπιά ενώ στο κανό ο κωπηλάτης κρατά ένα μόνο κουπί.

hydrofoil
υδροπτέρυγο

tanker
τάνκερ

sail
πανί

mast
κατάρτι

ferry
φεριμπότ

motor boat
κρισκράφτ

boom
μάτσα

sailboard
ιστιοσανίδα

yacht
θαλαμηγός

Parts of a ship
Τα μέρη του πλοίου

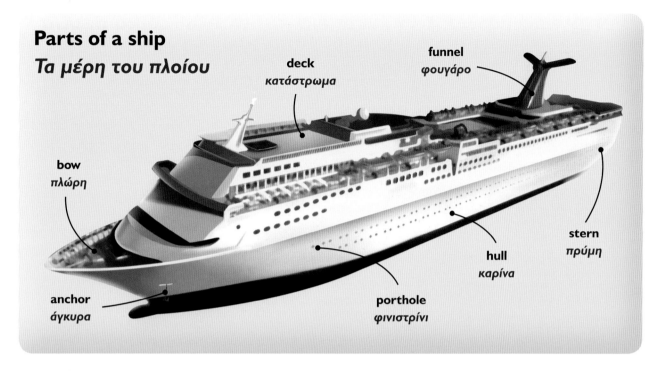

deck
κατάστρωμα

funnel
φουγάρο

bow
πλώρη

stern
πρύμη

hull
καρίνα

anchor
άγκυρα

porthole
φινιστρίνι

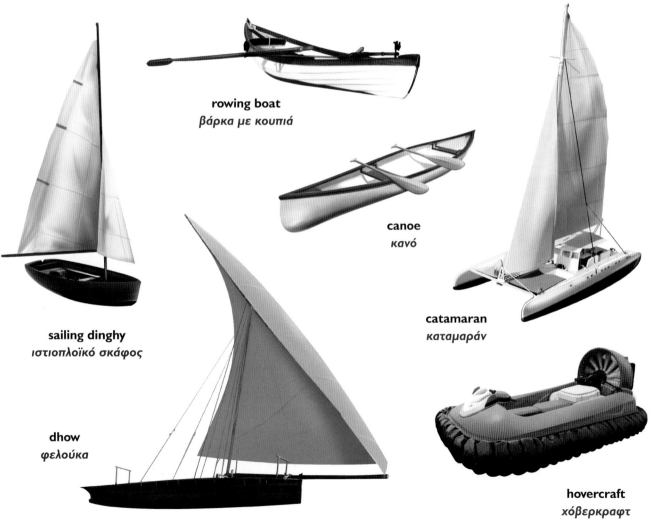

rowing boat
βάρκα με κουπιά

canoe
κανό

sailing dinghy
ιστιοπλοϊκό σκάφος

catamaran
καταμαράν

dhow
φελούκα

hovercraft
χόβερκραφτ

Energy and power • *Η ενέργεια και το ηλεκτρικό ρεύμα*

We rely on energy to supply our homes with light and heat and to run the machines we use every day. But where does that energy come from? Energy comes from a range of sources. It is converted into electricity and delivered to our homes.

Για να εξασφαλίσουμε φως και ζεστασιά στο σπίτι μας, αλλά και για να δουλεύουν τα μηχανήματα που χρησιμοποιούμε καθημερινά, χρειαζόμαστε ενέργεια. Αλλά από πού έρχεται αυτή η ενέργεια; Η ενέργεια προέρχεται από διάφορες πηγές. Μετατρέπεται σε ηλεκτρικό ρεύμα και φτάνει στο σπίτι μας.

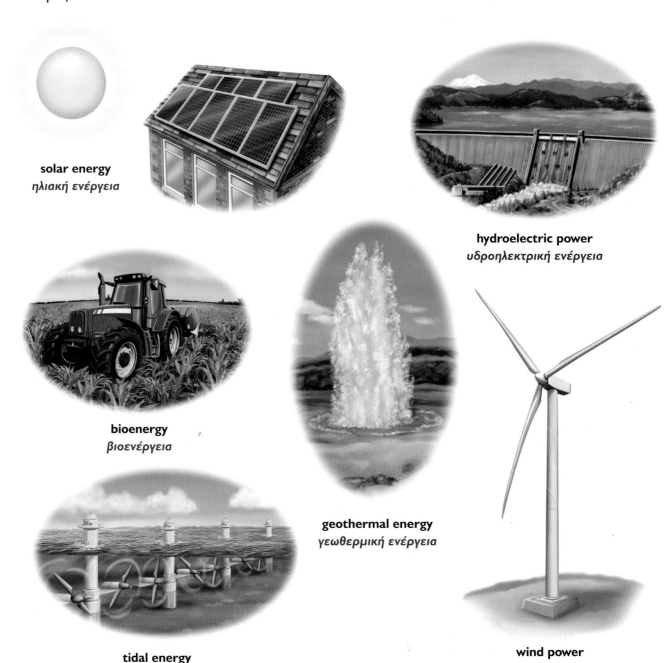

solar energy
ηλιακή ενέργεια

hydroelectric power
υδροηλεκτρική ενέργεια

bioenergy
βιοενέργεια

geothermal energy
γεωθερμική ενέργεια

tidal energy
παλιρροϊκή ενέργεια

wind power
αιολική ενέργεια

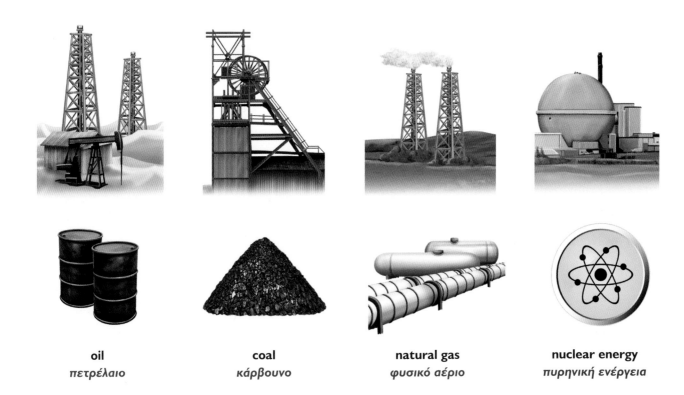

oil
πετρέλαιο

coal
κάρβουνο

natural gas
φυσικό αέριο

nuclear energy
πυρηνική ενέργεια

Electrical circuit • *Ηλεκτρικό κύκλωμα*

Electricity runs through a circuit. The circuit includes several components or parts, such as a switch, a wire, and a light bulb. Electrical circuits can be shown as diagrams. Circuit diagrams have symbols to represent each component.

Το ηλεκτρικό ρεύμα κυκλοφορεί μέσα σε ένα κύκλωμα. Ένα κύκλωμα αποτελείται από αρκετά στοιχεία ή μέρη, όπως είναι οι διακόπτες, τα καλώδια και οι λάμπες. Τα κυκλώματα μπορούμε να τα απεικονίσουμε με τη μορφή διαγράμματος. Κάθε στοιχείο του κυκλώματος εικονίζεται στο διάγραμμα με ένα σύμβολο.

Circuit diagram
Σχεδιάγραμμα ηλεκτρικού κυκλώματος

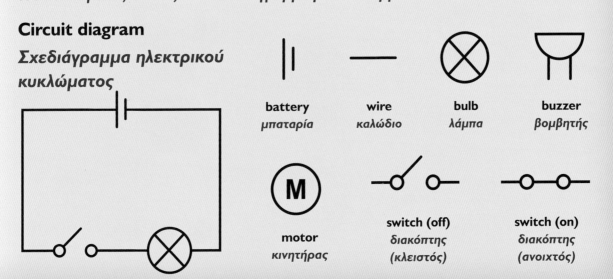

battery
μπαταρία

wire
καλώδιο

bulb
λάμπα

buzzer
βομβητής

motor
κινητήρας

switch (off)
διακόπτης (κλειστός)

switch (on)
διακόπτης (ανοιχτός)

All kinds of materials • *Διάφορα υλικά*

Materials have different properties. They may be heavy or light, flexible or rigid.
A few materials are magnetic (able to attract objects made of iron). Some materials are
good conductors and allow an electric current to pass through them. Others
are insulators and block electric currents.

*Τα υλικά έχουν διάφορες ιδιότητες. Μπορούν να είναι βαριά ή ελαφριά, μαλακά ή σκληρά. Ορισμένα
υλικά έχουν μαγνητικές ιδιότητες (μπορούν να έλκουν σιδερένια αντικείμενα). Μερικά υλικά είναι
καλοί αγωγοί του ηλεκτρισμού και επιτρέπουν στο ηλεκτρικό ρεύμα να περάσει από μέσα τους.
Άλλα είναι μονωτικά υλικά και εμποδίζουν το ρεύμα να περάσει.*

glass
γυαλί

leather
δέρμα

paper
χαρτί

plastic
πλαστικό

rubber
καουτσούκ

china
πορσελάνη

wood
ξύλο

wax
κερί

wool
μαλλί

cotton
βαμβάκι

Properties of materials
Ιδιότητες των υλικών

hard ▪ σκληρό
soft ▪ μαλακό
transparent ▪ διαφανές
opaque ▪ αδιαφανές
rough ▪ τραχύ
shiny ▪ γυαλιστερό
smooth ▪ λείο

magnetic ▪ μαγνητικό
dull ▪ θαμπό
waterproof ▪ αδιάβροχο
absorbent ▪ απορροφητικό

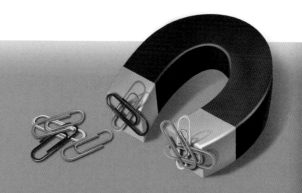

gold
χρυσός

silver
ασήμι

bronze
μπρούντζος

stone
πέτρα

brass
ορείχαλκος

iron
σίδερο

steel
ατσάλι

copper
χαλκός

Buildings and structures
Κτίρια και τεχνικές κατασκευές

Buildings and structures need to be very strong. They can be constructed from a wide range of materials. Builders may use stone, wood, bricks, concrete, steel, or glass, or a combination of these materials.

Τα κτίρια και οι διάφορες τεχνικές κατασκευές πρέπει να είναι πολύ γερά. Μπορούν να χτιστούν με πολλά διαφορετικά υλικά. Οι κατασκευαστές μπορούν να χρησιμοποιήσουν πέτρα, ξύλο, τούβλα, μπετόν, ατσάλι, γυαλί ή κάποιο συνδυασμό αυτών των υλικών.

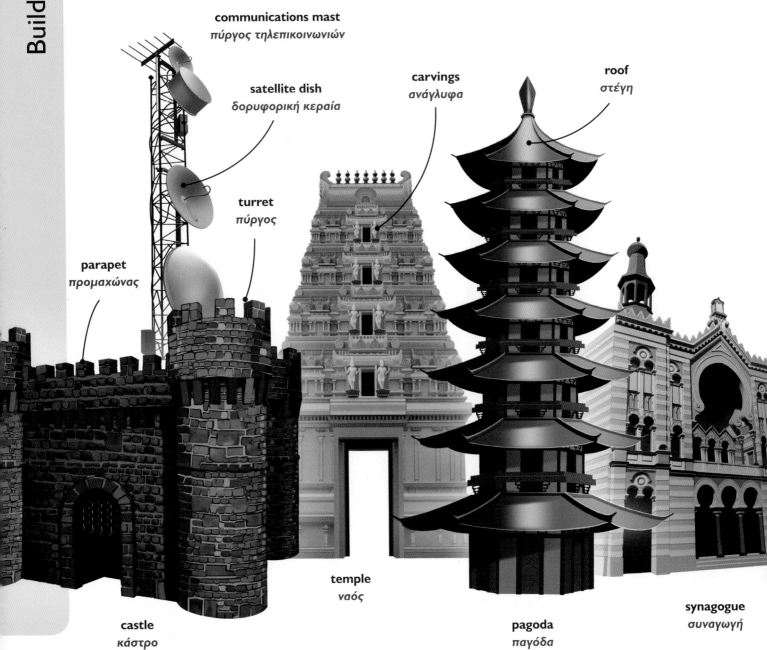

communications mast
πύργος τηλεπικοινωνιών

satellite dish
δορυφορική κεραία

carvings
ανάγλυφα

roof
στέγη

turret
πύργος

parapet
προμαχώνας

temple
ναός

castle
κάστρο

pagoda
παγόδα

synagogue
συναγωγή

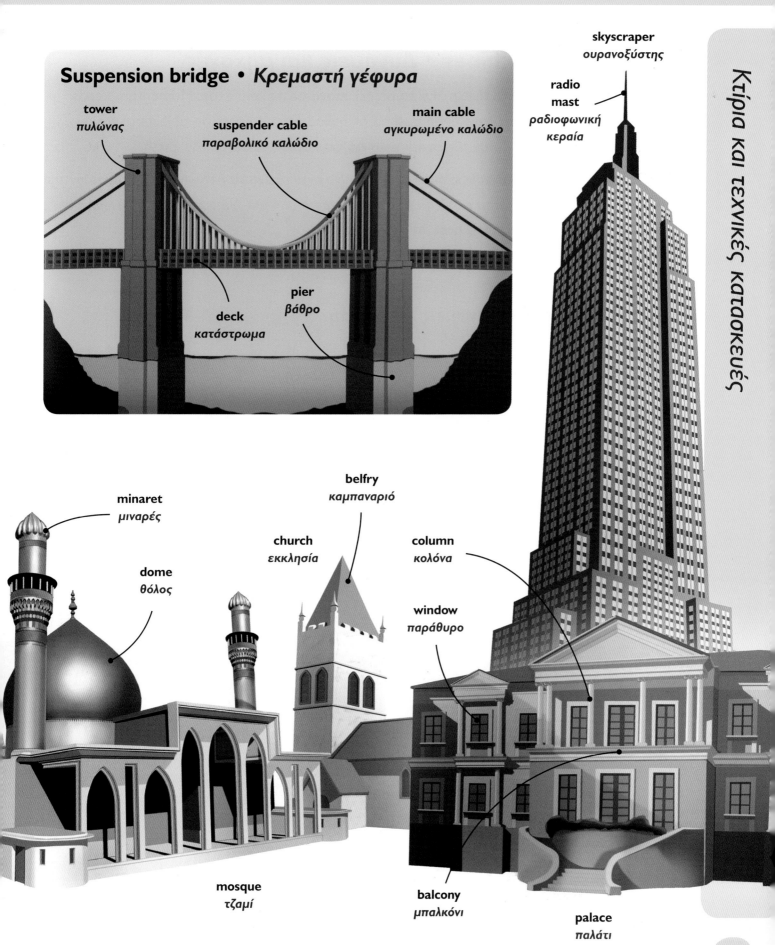

Suspension bridge • Κρεμαστή γέφυρα

tower
πυλώνας

suspender cable
παραβολικό καλώδιο

main cable
αγκυρωμένο καλώδιο

deck
κατάστρωμα

pier
βάθρο

skyscraper
ουρανοξύστης

radio
mast
ραδιοφωνική
κεραία

minaret
μιναρές

dome
θόλος

belfry
καμπαναριό

church
εκκλησία

column
κολόνα

window
παράθυρο

mosque
τζαμί

balcony
μπαλκόνι

palace
παλάτι

Κτίρια και τεχνικές κατασκευές

67

Forces and machines • *Δυνάμεις και μηχανές*

Forces are pushes or pulls that make an object move or make it stop. Momentum keeps objects moving after they have been pushed or pulled. Friction acts on objects to make them stop moving. The force of gravity pulls objects down towards the Earth.

Η ώθηση και η έλξη είναι δυνάμεις που κάνουν κάποιο αντικείμενο να μετακινηθεί ή σταματούν την κίνησή του. Η ορμή διατηρεί τα αντικείμενα σε κίνηση μετά από μια ώθηση ή έλξη. Η δύναμη της βαρύτητας τραβά τα αντικείμενα προς τα κάτω, προς τη γη.

Forces in action • *Δυνάμεις σε δράση*

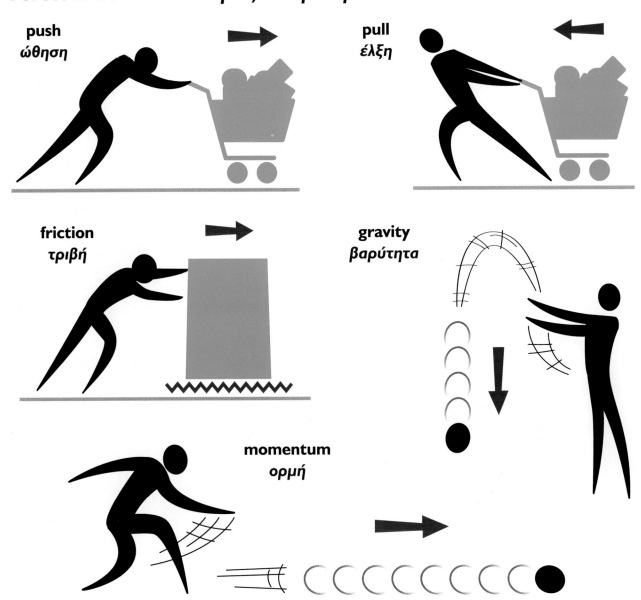

push
ώθηση

pull
έλξη

friction
τριβή

gravity
βαρύτητα

momentum
ορμή

Simple machines • Απλές μηχανές

Pushes and pulls can be used in machines to lift heavy loads.

Δυνάμεις όπως η ώθηση και η έλξη μπορούν να χρησιμοποιηθούν σε μηχανές για να σηκώσουμε βαριά φορτία.

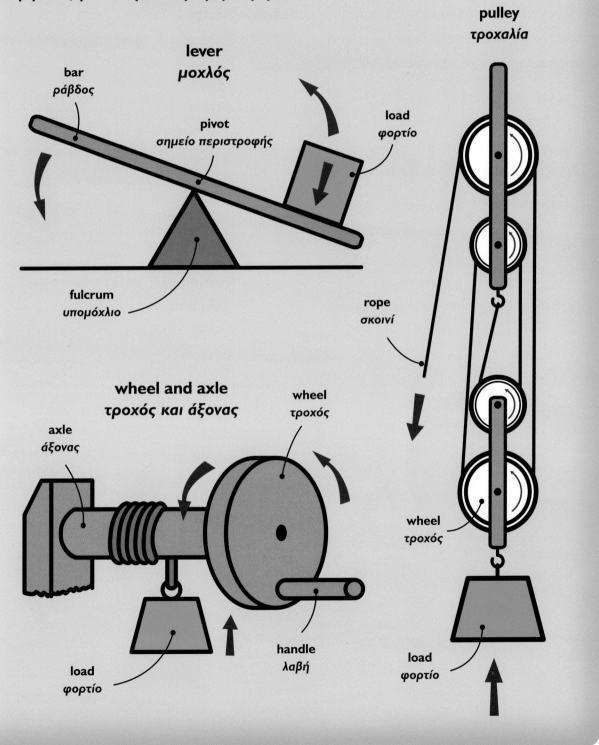

lever
μοχλός

bar
ράβδος

pivot
σημείο περιστροφής

load
φορτίο

fulcrum
υπομόχλιο

pulley
τροχαλία

rope
σκοινί

wheel
τροχός

wheel and axle
τροχός και άξονας

axle
άξονας

wheel
τροχός

handle
λαβή

load
φορτίο

load
φορτίο

Computers and electronic devices
Υπολογιστές και ηλεκτρονικές συσκευές

Computers and electronic devices transform our lives. We communicate instantly, keep up with friends, and use the Internet for information.

Οι υπολογιστές και οι ηλεκτρονικές συσκευές μεταμορφώνουν τον τρόπο που ζούμε. Μπορούμε να επικοινωνούμε άμεσα, να διατηρούμε επαφή με τους φίλους και τις φίλες μας, και μπορούμε επίσης να αξιοποιούμε το διαδίκτυο για να βρούμε πληροφορίες.

On the Internet • Στο διαδίκτυο

attachment • συνημμένο αρχείο
home page • αρχική σελίδα
chat • κάνω τσατ
connect • συνδέομαι
email • ηλεκτρονικό ταχυδρομείο
blog • ιστολόγιο

tweet • μήνυμα στο Τουίττερ
search • αναζήτηση
browse • περιηγούμαι
surf • σερφάρω
download • κατεβάζω αρχεία
upload • ανεβάζω αρχεία
wi-fi • ασύρματη σύνδεση

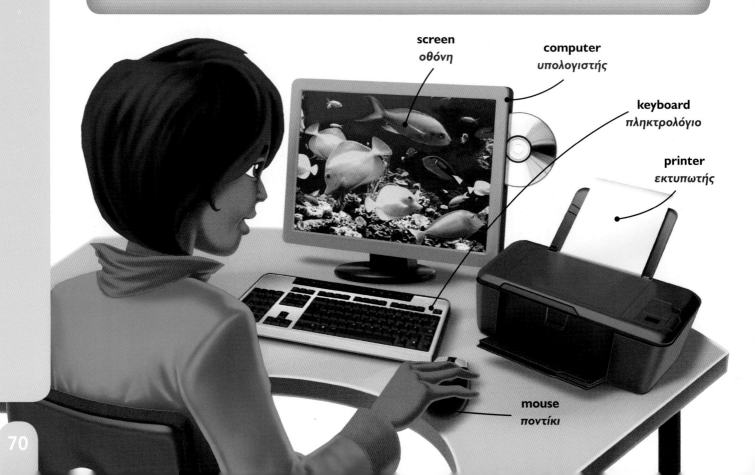

screen
οθόνη

computer
υπολογιστής

keyboard
πληκτρολόγιο

printer
εκτυπωτής

mouse
ποντίκι

MP3 player
συσκευή
αναπαραγωγής MP3

mobile phone
κινητό τηλέφωνο

memory stick
στικάκι

digital camera
ψηφιακή φωτογραφική
μηχανή

tablet
τάμπλετ

laptop
φορητός
υπολογιστής

e-reader
συσκευή ανάγνωσης
ηλεκτρονικών βιβλίων

Υπολογιστές και ηλεκτρονικές συσκευές

Computer actions • Ενέργειες στον υπολογιστή

connect • *συνδέω*	**insert** • *εισάγω*
log on • *συνδέομαι σε λογαριασμό*	**delete** • *διαγράφω*
log off • *αποσυνδέομαι από λογαριασμό*	**format** • *μορφοποιώ*
type • *πληκτρολογώ*	**edit** • *επεξεργάζομαι*
scroll • *κάνω κύλιση*	**spell check** • *κάνω έλεγχο ορθογραφίας*
click • *κάνω κλικ*	**print** • *εκτυπώνω*
drag • *σύρω*	**scan** • *σκανάρω*
cut • *αποκόπτω*	**save** • *σώζω*
paste • *επικολλώ*	**back up** • *δημιουργώ αντίγραφο ασφαλείας*

Mammals • *Τα θηλαστικά*

Mammals are warm-blooded, which means they can stay warm even in cold surroundings. Female mammals give birth to live babies (rather than eggs) and feed their babies with milk. Mammals range in size from tiny mice and bats to enormous elephants, whales, and dolphins.

Τα θηλαστικά είναι θερμόαιμα ζώα, που σημαίνει ότι διατηρούνται ζεστά ακόμα και σε κρύο περιβάλλον. Τα θηλυκά θηλαστικά γεννούν ζωντανά μικρά (και όχι αυγά) και τρέφουν τα μικρά τους με γάλα. Τα θηλαστικά έχουν διάφορα μεγέθη: υπάρχουν μικροσκοπικά ποντίκια και νυχτερίδες αλλά και τεράστιοι ελέφαντες, φάλαινες και δελφίνια.

monkey
πίθηκος

giraffe
καμηλοπάρδαλη

elephant
ελέφαντας

camel
καμήλα

rhinoceros
ρινόκερος

polar bear
πολική αρκούδα

hippopotamus
ιπποπόταμος

leopard
λεοπάρδαλη

Unusual and extraordinary
Σπάνια και περίεργα

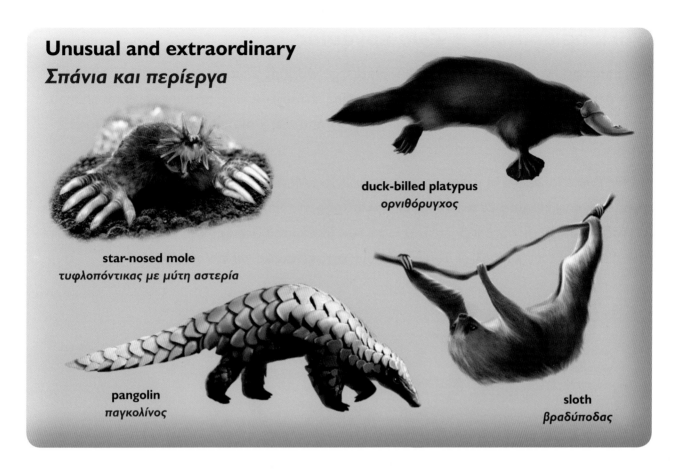

duck-billed platypus
ορνιθόρυγχος

star-nosed mole
τυφλοπόντικας με μύτη αστερία

pangolin
παγκολίνος

sloth
βραδύποδας

zebra
ζέβρα

llama
λάμα

squirrel
σκίουρος

deer
ελάφι

chipmunk
ευταμίας

gorilla
γορίλλας

lion
λιοντάρι

panther
πάνθηρας

kangaroo
καγκουρό

cheetah
τσίτα

Working animals • *Ζώα εργασίας*

Some animals live very closely with people. Large working animals pull or carry heavy loads. Dogs perform many useful tasks, such as herding sheep, tracking, or hunting. Farm animals are kept for their meat or for their milk or eggs, and many people like to keep animals as pets.

Μερικά ζώα ζουν σε στενή σχέση με τους ανθρώπους. Μεγαλόσωμα ζώα εργασίας τραβούν ή κουβαλούν βαριά φορτία. Οι σκύλοι έχουν πολλά χρήσιμα καθήκοντα, όπως το να φυλάνε πρόβατα, να αναζητούν κάτι με την όσφρηση ή να κυνηγούν. Τα οικόσιτα ζώα εκτρέφονται για το κρέας ή το γάλα ή τα αυγά τους, και πολλοί άνθρωποι έχουν κατοικίδια ζώα για συντροφιά.

water buffalo
νεροβούβαλος

horse
άλογο

goat
κατσίκα

sheepdog
τσοπανόσκυλο

sheep
πρόβατο

Ζώα και φυτά

Small animals
Μικρά ζώα

mouse
ποντίκι

hamster
χάμστερ

parrot
παπαγάλος

budgerigar
παπαγαλάκι

guinea pig
ινδικό χοιρίδιο

cow
αγελάδα

donkey
γάιδαρος

duck
πάπια

turkey
γαλοπούλα

goose
χήνα

mountain-rescue dog
σκύλος για ορεινές διασώσεις

cat
γάτα

hen
κότα

cockerel
κόκορας

Reptiles and amphibians • *Τα ερπετά και τα αμφίβια*

Reptiles lay eggs and have scaly skin. They include crocodiles, tortoises, and snakes. Amphibians have smooth skin that usually feels damp. They live on land but breed in water. Amphibians include toads, frogs, and newts.

Τα ερπετά γεννούν αυγά και στο δέρμα τους έχουν φολίδες. Στα ερπετά ανήκουν οι κροκόδειλοι, οι χελώνες και τα φίδια. Τα αμφίβια έχουν λείο δέρμα που συνήθως είναι υγρό στην αφή. Ζουν στην ξηρά, αλλά αναπαράγονται μέσα στο νερό. Στα αμφίβια ανήκουν οι φρύνοι, οι βάτραχοι και οι τρίτωνες.

turtle
θαλάσσια χελώνα

tortoise
χελώνα

lizard
σαύρα

iguana
ιγκουάνα

chameleon
χαμαιλέοντας

Komodo dragon
δράκος του Κόμοντο

salamander
σαλαμάνδρα

Snakes • Φίδια

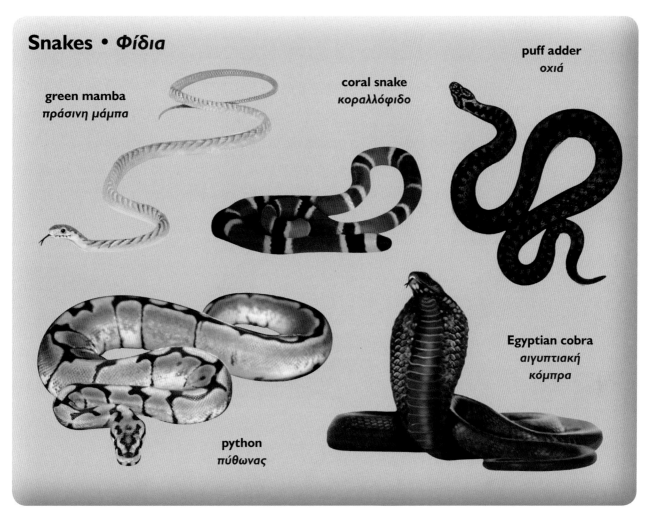

green mamba
πράσινη μάμπα

coral snake
κοραλλόφιδο

puff adder
οχιά

python
πύθωνας

Egyptian cobra
αιγυπτιακή κόμπρα

poison dart frog
δηλητηριώδης δενδροβάτραχος

newt
τρίτωνας

toad
φρύνος

alligator
αλιγάτορας

crocodile
κροκόδειλος

Fish • *Τα ψάρια*

Fish live and breed in water. Most fish are covered in scales, and they swim by using their fins and their powerful bodies and tails. Fish use gills to breathe under water. The gills take in the oxygen that is dissolved in water.

Τα ψάρια ζουν και αναπαράγονται στο νερό. Τα περισσότερα είναι καλυμμένα με λέπια και κολυμπούν χρησιμοποιώντας τα πτερύγιά τους, τα δυνατά τους σώματα και τις ουρές τους. Τα ψάρια χρησιμοποιούν βράγχια για να αναπνέουν μέσα στο νερό. Τα βράγχια απορροφούν το οξυγόνο που βρίσκεται διαλυμένο στο νερό.

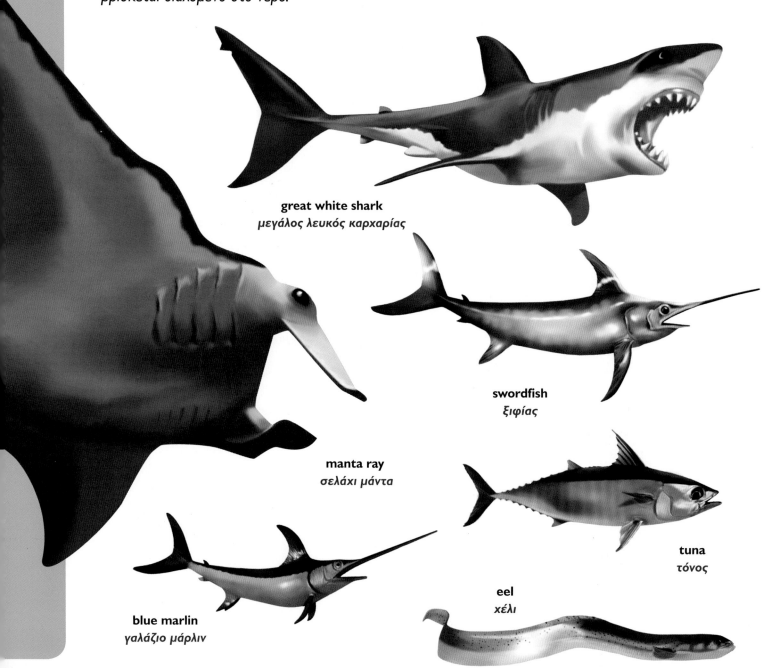

great white shark
μεγάλος λευκός καρχαρίας

swordfish
ξιφίας

manta ray
σελάχι μάντα

tuna
τόνος

eel
χέλι

blue marlin
γαλάζιο μάρλιν

Parts of a fish • *Τα μέρη του ψαριού*

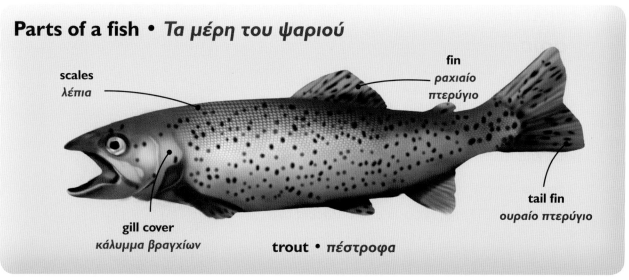

scales
λέπια

fin
ραχιαίο
πτερύγιο

tail fin
ουραίο πτερύγιο

gill cover
κάλυμμα βραγχίων

trout • *πέστροφα*

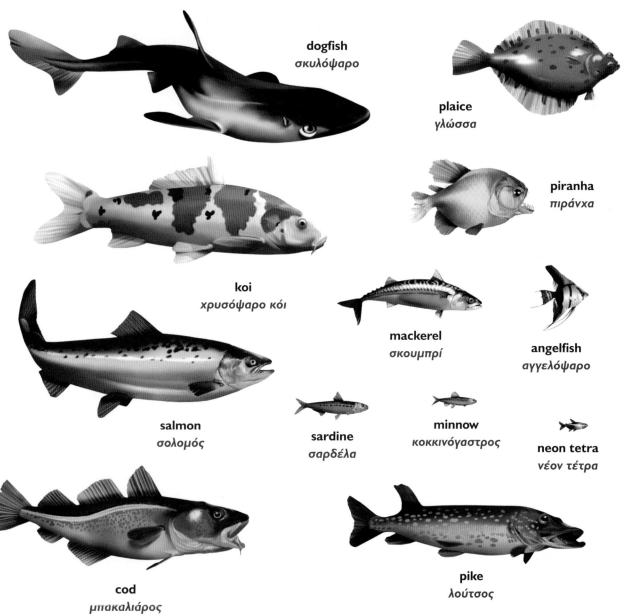

dogfish
σκυλόψαρο

plaice
γλώσσα

piranha
πιράνχα

koi
χρυσόψαρο κόι

mackerel
σκουμπρί

angelfish
αγγελόψαρο

salmon
σολομός

sardine
σαρδέλα

minnow
κοκκινόγαστρος

neon tetra
νέον τέτρα

cod
μπακαλιάρος

pike
λούτσος

Sea creatures
Θαλάσσια όντα

As you dive deep into the sea, you find an amazing range of creatures. There are mammals (such as whales and dolphins), amphibians (like turtles), marine reptiles (like sea snakes), and many varieties of fish.

Αν μπορέσεις να βουτήξεις βαθιά στη θάλασσα, θα συναντήσεις μια εντυπωσιακή ποικιλία από θαλάσσια όντα. Υπάρχουν θηλαστικά (όπως οι φάλαινες και τα δελφίνια), αμφίβια (όπως οι χελώνες), ερπετά (όπως τα θαλάσσια φίδια) και πολλά είδη ψαριών.

❶ flying fish
χελιδονόψαρο

❷ anemone
θαλάσσια ανεμώνη

❸ seal
φώκια

❹ blue whale
γαλάζια φάλαινα

❺ dumbo octopus
χταπόδι ντάμπο

❻ mantis shrimp
ζαβογαρίδα

❼ sea spider
θαλάσσια αράχνη

❽ dolphin
δελφίνι

❾ walrus
θαλάσσιος ίππος

❿ sea turtle
θαλάσσια χελώνα

⓫ sea snake
θαλάσσιο φίδι

⓬ octopus
χταπόδι

⓭ lobster
αστακός

⓮ seahorse
ιππόκαμπος

⓯ nautilus
ναυτίλος

⓰ whale shark
φαλαινοκαρχαρίας

⓱ giant squid
γιγάντιο καλαμάρι

⓲ giant jellyfish
γιγάντια μέδουσα

⓳ Greenland shark
καρχαρίας της Γροιλανδίας

⓴ sea cucumber
θαλάσσιο αγγούρι

㉑ giant isopod
γιγάντιο ισόποδο

Insects and mini-beasts
Έντομα και μικρόζωα

Insects have six legs, no backbone, and a body divided into three parts (the head, the thorax, and the abdomen). Other small creatures without a backbone include spiders, centipedes, and beetles. These creatures are often known as mini-beasts.

Τα έντομα έχουν έξι πόδια, δεν έχουν σπονδυλική στήλη και το σώμα τους χωρίζεται σε τρία μέρη (κεφάλι, θώρακας και κοιλιά). Άλλα ασπόνδυλα ζωύφια είναι οι αράχνες, οι σαρανταποδαρούσες και τα σκαθάρια. Τα όντα αυτά συχνά αποκαλούνται «μικρόζωα».

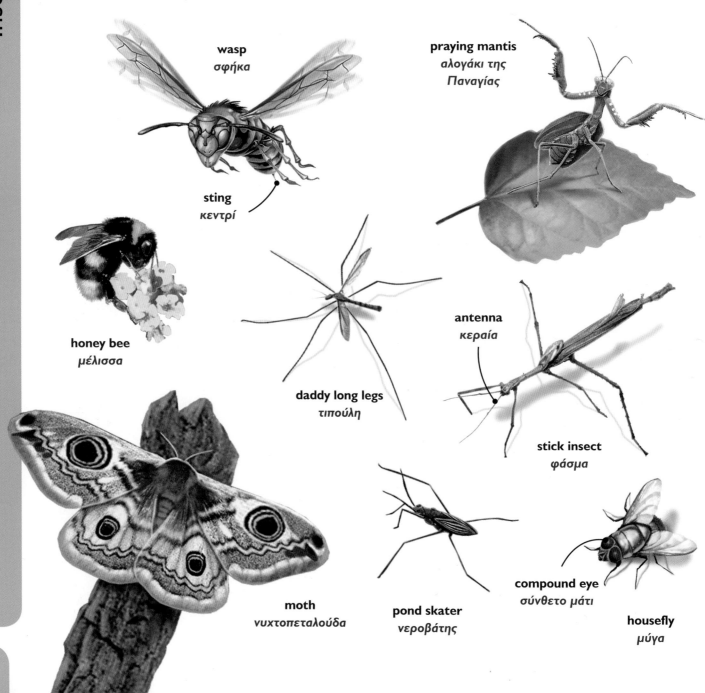

wasp
σφήκα

praying mantis
αλογάκι της Παναγίας

sting
κεντρί

honey bee
μέλισσα

antenna
κεραία

daddy long legs
τιπούλη

stick insect
φάσμα

moth
νυχτοπεταλούδα

pond skater
νεροβάτης

compound eye
σύνθετο μάτι

housefly
μύγα

dragonfly
λιβελούλα

earwig
ψαλίδα

bedbug
κοριός

flea
ψύλλος

cockroach
κατσαρίδα

mosquito
κουνούπι

caterpillar
κάμπια

head
κεφάλι

thorax
θώρακας

abdomen
κοιλιά

ant
μυρμήγκι

butterfly
πεταλούδα

aphid
μελίγκρα

ladybird
πασχαλίτσα

grasshopper
ακρίδα

Nocturnal creatures • *Νυχτόβια ζώα*

Nocturnal creatures sleep or rest during the day. They
come out in the evening or at night to look for food.

*Τα νυχτόβια ζώα κοιμούνται ή ξεκουράζονται κατά τη διάρκεια της μέρας.
Βγαίνουν το βράδυ ή τη νύχτα για να ψάξουν για τροφή.*

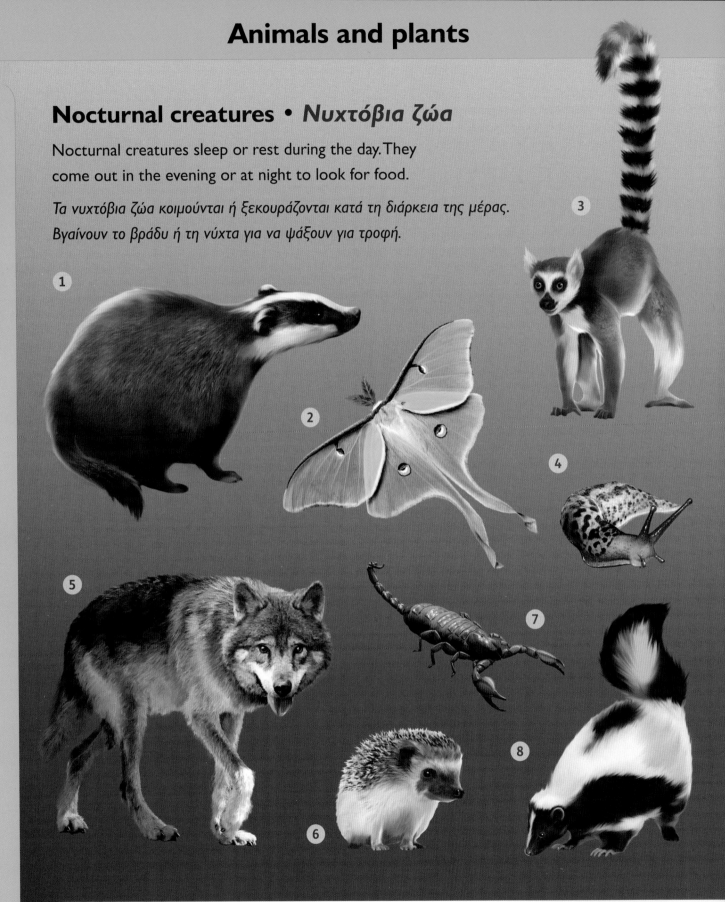

1 badger • *ασβός*	**4** slug • *γυμνοσάλιαγκας*
2 moth • *νυχτοπεταλούδα*	**5** grey wolf • *λύκος*
3 lemur • *λεμούριος*	**6** hedgehog • *σκαντζόχοιρος*

7 scorpion • *σκορπιός*
8 skunk • *βρομοκούναβο*
9 bat • *νυχτερίδα*

Ζώα και φυτά

10	raccoon • *ρακούν*	**13**	fox • *αλεπού*	**16**	possum • *οπόσουμ*
11	dormouse • *μυωξός*	**14**	porcupine • *ακανθόχοιρος*	**17**	armadillo • *αρμαδίλος*
12	tarsier • *τάρσιος*	**15**	hermit crab • *ερημίτης κάβουρας*	**18**	owl • *κουκουβάγια*

Birds • *Τα πουλιά*

Birds have two legs, two wings, and a beak. All birds lay eggs and are covered with feathers. Most birds can fly, but there are some flightless birds, such as the penguin, the emu, and the ostrich.

Τα πουλιά έχουν δύο πόδια, δύο φτερούγες και ράμφος. Όλα τα πουλιά γεννούν αυγά και καλύπτονται από φτερά. Τα περισσότερα πουλιά μπορούν να πετάξουν, αλλά υπάρχουν ορισμένα που δεν μπορούν, όπως οι πιγκουίνοι, τα εμού και οι στρουθοκάμηλοι.

kingfisher
αλκυόνη

robin
κοκκινολαίμης

swallow
χελιδόνι

woodpecker
δρυοκολάπτης

cuckoo
κούκος

peacock
παγόνι

heron
ερωδιός

blackbird
κοτσύφι

Astonishing and amazing • *Καταπληκτικά και απίθανα*

roseate spoonbill
ροζ χουλιαρομύτα

helmeted hornbill
καλάος ο κρανοφόρος

frigate bird
φρεγάτα

vulture
όρνιο

eagle
αετός

ostrich
στρουθοκάμηλος

pelican
πελεκάνος

flamingo
φλαμίγκο

penguin
πιγκουίνος

puffin
πουφίνος

hummingbird
κολιμπρί

Trees and shrubs • Δέντρα και θάμνοι

Trees are very large plants that take many years to grow to their full size. They have a thick and woody trunk and very deep roots. Shrubs are bushes with woody stems. They include some herbs, such as lavender, rosemary, and sage.

Τα δέντρα είναι πολύ μεγάλα φυτά που χρειάζονται πολλά χρόνια για να μεγαλώσουν. Έχουν έναν χοντρό κορμό από ξύλο και πολύ βαθιές ρίζες. Μερικοί θάμνοι έχουν επίσης ξυλώδη κορμό. Σε αυτή την κατηγορία περιλαμβάνονται ορισμένα αρωματικά φυτά, όπως είναι η λεβάντα, το δεντρολίβανο και το φασκόμηλο.

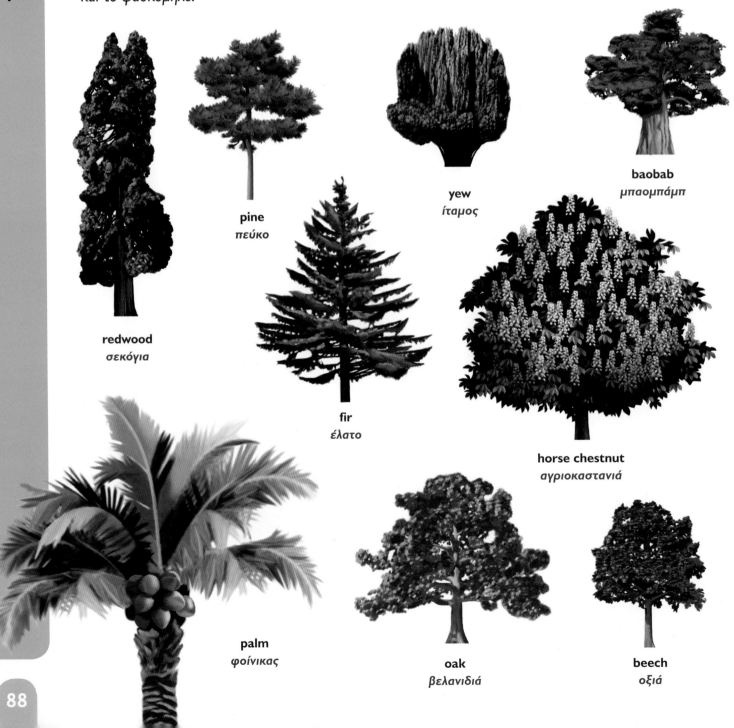

redwood
σεκόγια

pine
πεύκο

fir
έλατο

yew
ίταμος

baobab
μπαομπάμπ

horse chestnut
αγριοκαστανιά

palm
φοίνικας

oak
βελανιδιά

beech
οξιά

holly
αρκουδοπούρναρο

olive
ελιά

cherry
κερασιά

apple
μηλιά

lemon
λεμονιά

mimosa
μιμόζα

rosemary
δεντρολίβανο

lavender
λεβάντα

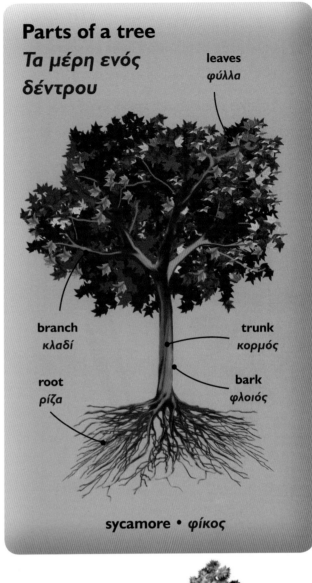

Parts of a tree
Τα μέρη ενός δέντρου

leaves
φύλλα

branch
κλαδί

trunk
κορμός

root
ρίζα

bark
φλοιός

sycamore • φίκος

eucalyptus
ευκάλυπτος

All sorts of plants • *Διάφορα είδη φυτών*

Plants are green and need light to grow. There are many different types of plant, including flowering plants, herbs, grasses, cacti, ferns, and mosses.

Τα φυτά είναι πράσινα και χρειάζονται φως για να μεγαλώσουν. Υπάρχουν πολλά διαφορετικά είδη φυτών, όπως είναι τα ανθοφόρα φυτά, τα χόρτα, οι πόες, οι κάκτοι, οι φτέρες και τα βρύα.

rose
τριαντάφυλλο

daffodil
νάρκισσος

pansy
πανσές

orchid
ορχιδέα

tulip
τουλίπα

lily
κρίνος

sunflower
ήλιος

poppy
παπαρούνα

water lily
νούφαρο

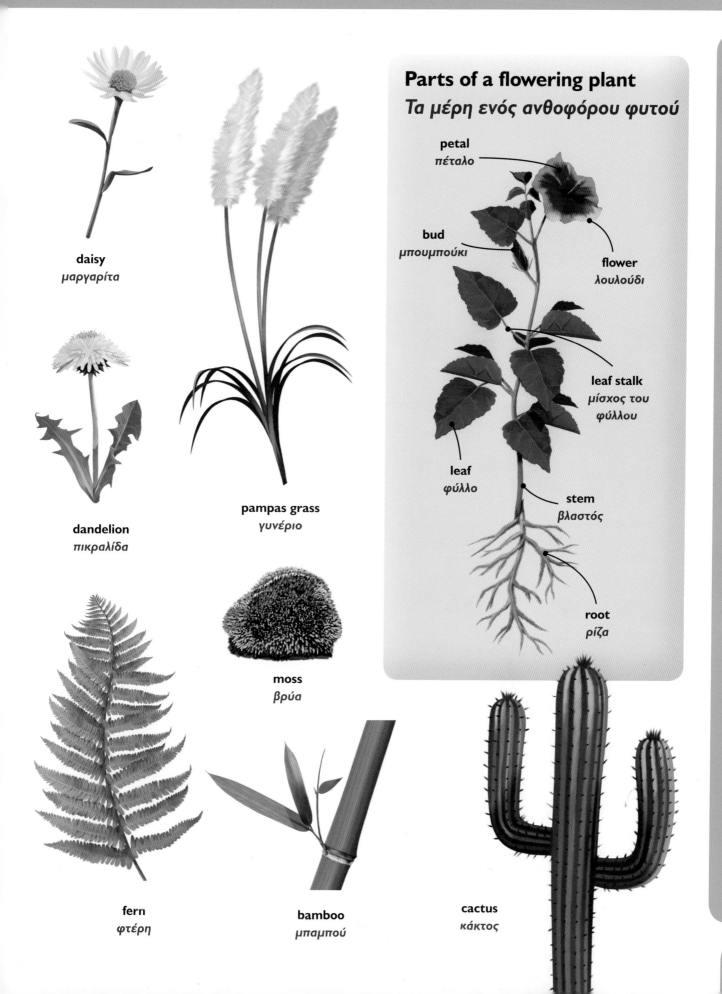

daisy
μαργαρίτα

dandelion
πικραλίδα

pampas grass
γυνέριο

moss
βρύα

fern
φτέρη

bamboo
μπαμπού

cactus
κάκτος

Parts of a flowering plant
Τα μέρη ενός ανθοφόρου φυτού

petal
πέταλο

bud
μπουμπούκι

flower
λουλούδι

leaf stalk
μίσχος του φύλλου

leaf
φύλλο

stem
βλαστός

root
ρίζα

Διάφορα είδη φυτών

Towns and cities • *Μικρές και μεγάλες πόλεις*

In the centre of our towns and cities are offices, museums, and banks. They are some of the largest buildings in the world. On the outskirts are the suburbs, where most people live.

Στο κέντρο κάθε μεγάλης πόλης βρίσκονται γραφεία, μουσεία και τράπεζες. Αυτά είναι μερικά από τα μεγαλύτερα κτίσματα στον κόσμο. Έξω από το κέντρο βρίσκονται το προάστια, όπου ζουν οι περισσότεροι άνθρωποι.

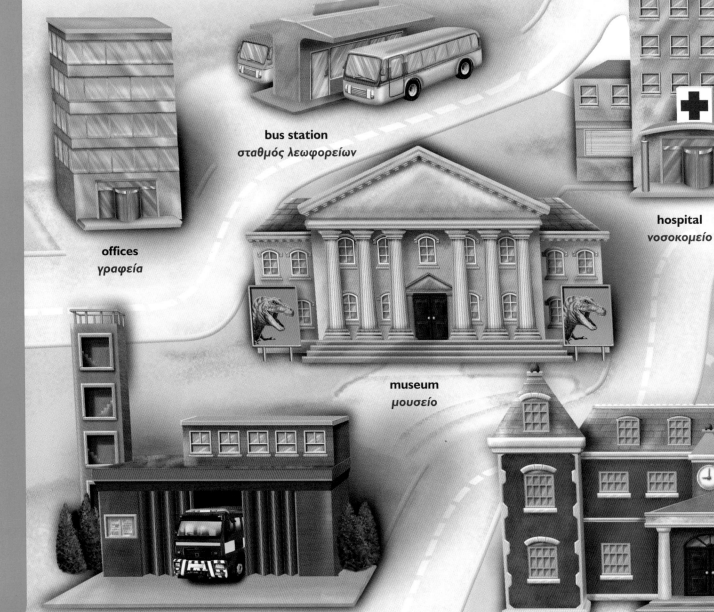

bus station
σταθμός λεωφορείων

hospital
νοσοκομείο

offices
γραφεία

museum
μουσείο

fire station
σταθμός πυροσβεστικής

school
σχολείο

car park
πάρκιγκ

stadium
στάδιο

supermarket
σουπερμάρκετ

hotel
ξενοδοχείο

city hall
δημαρχείο

restaurant
εστιατόριο

cinema
κινηματογράφος

Μικρές και μεγάλες πόλεις

On the street • Στον δρόμο

City streets can be very lively places. They are full of shops, businesses and cafés. In some streets, most traffic is banned so the pedestrians can enjoy shopping and meeting friends.

Στους δρόμους των πόλεων συχνά υπάρχει πολλή κίνηση. Είναι γεμάτοι καταστήματα, επιχειρήσεις και καφετέριες. Σε μερικούς δρόμους έχει απαγορευτεί η κυκλοφορία των περισσότερων οχημάτων κι έτσι οι πεζοί μπορούν να απολαύσουν τα ψώνια τους και να συναντήσουν φίλους.

❶ cafe
καφετέρια

❷ news stand
περίπτερο

❸ convenience store
παντοπωλείο

❹ bank
τράπεζα

❺ post office
ταχυδρομείο

❻ post box
κουτί αλληλογραφίας

❼ bus stop
στάση λεωφορείου

❽ road
δρόμος

❾ pavement
πεζοδρόμιο

❿ street light
λάμπα φωτισμού

⓫ parking meter
παρκόμετρο

⓬ litter bin
κάδος απορριμμάτων

⓭ greengrocer
μανάβικο

⓮ book shop
βιβλιοπωλείο

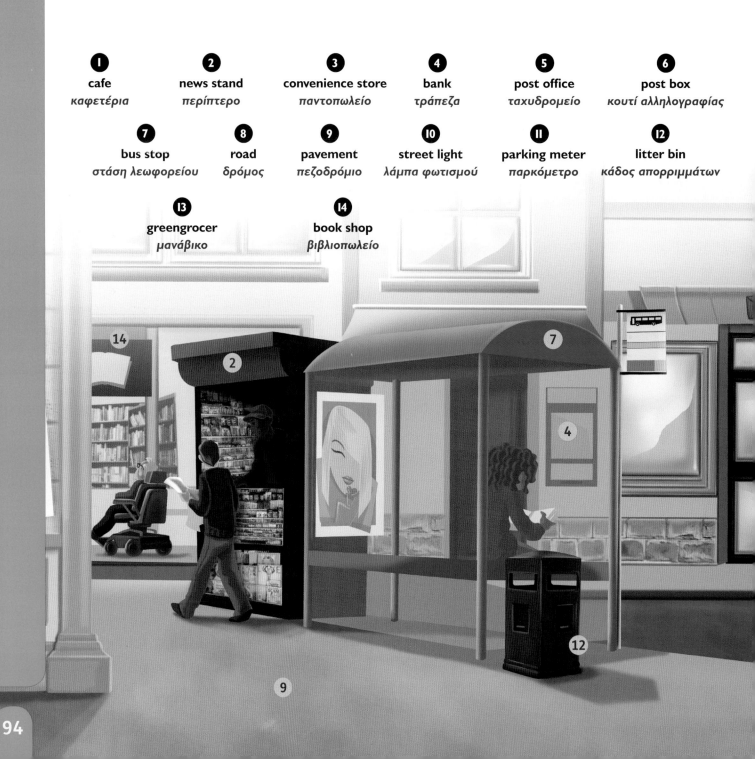

9

All sorts of shops • Διάφορα είδη καταστημάτων

toy shop κατάστημα παιχνιδιών		**florist** ανθοπωλείο
baker φούρνος		**gift shop** κατάστημα δώρων
butcher κρεοπωλείο		**newsagent** πρακτορείο τύπου
chemist φαρμακείο		**pet shop** πετ σοπ
clothes shop κατάστημα ρούχων	**sweet shop** ζαχαροπλαστείο	**shoe shop** υποδηματοπωλείο

In the country • *Στην εξοχή*

All over the world, people farm the land and raise animals in the countryside. Arable farmers grow crops. Dairy farmers keep cows or goats for their milk. Milk is sometimes turned into cheese, butter, or other dairy products.

Σε όλο τον κόσμο οι άνθρωποι που ζουν στην εξοχή καλλιεργούν τη γη και εκτρέφουν ζώα. Οι γεωργοί ασχολούνται με καλλιέργειες. Οι γαλακτοπαραγωγοί έχουν αγελάδες ή κατσίκες για να παίρνουν το γάλα τους. Μερικές φορές το γάλα μετατρέπεται σε τυρί, βούτυρο ή άλλα γαλακτοκομικά προϊόντα.

Crops and vegetables • *Καλλιέργειες και προϊόντα*

sugar cane • *ζαχαροκάλαμα*

soybeans • *σόγια*

maize • *καλαμπόκια*

wheat • *σιτάρι*

pumpkins • *κολοκύθες*

potatoes • *πατάτες*

rice • *ρύζι*

grapes • *σταφύλια*

Farm vehicles and machinery • *Γεωργικά οχήματα και εργαλεία*

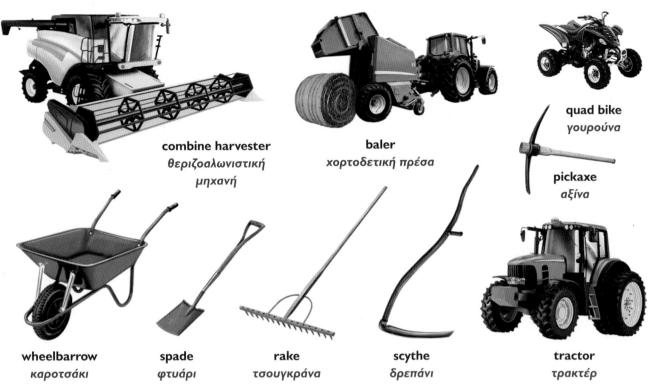

combine harvester
θεριζοαλωνιστική μηχανή

baler
χορτοδετική πρέσα

quad bike
γουρούνα

pickaxe
αξίνα

wheelbarrow
καροτσάκι

spade
φτυάρι

rake
τσουγκράνα

scythe
δρεπάνι

tractor
τρακτέρ

Farm buildings • *Τα κτίσματα του αγροκτήματος*

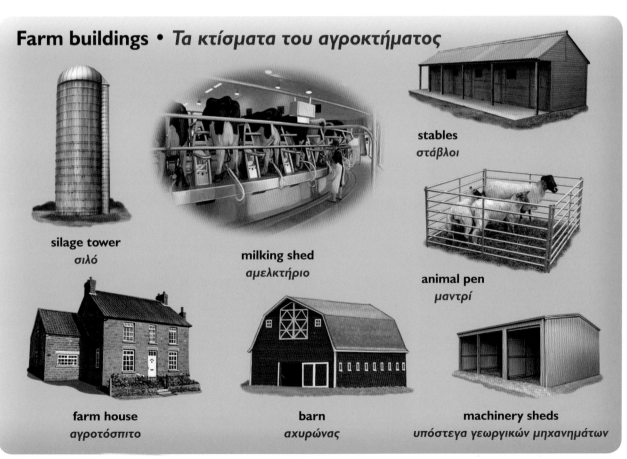

silage tower
σιλό

milking shed
αμελκτήριο

stables
στάβλοι

animal pen
μαντρί

farm house
αγροτόσπιτο

barn
αχυρώνας

machinery sheds
υπόστεγα γεωργικών μηχανημάτων

Landscapes and habitats *(vertical side text)*

Landscapes and habitats • *Τοπία και φυσικά περιβάλλοντα*

The Earth has many different types of landscape, and each landscape provides a special habitat for a different set of wildlife. Landscapes can range from thick ice and snow around the North and South poles to steamy rainforests close to the equator.

Στη Γη συναντάμε πολλά διαφορετικά τοπία, και κάθε τοπίο αντιστοιχεί σε ένα ξεχωριστό περιβάλλον για την ανάπτυξη μιας ομάδας άγριων ζώων και φυτών. Τα τοπία μπορούν να διαφέρουν πολύ μεταξύ τους, όσο διαφέρουν τα παγωμένα και χιονισμένα τοπία γύρω από τον Βόρειο και τον Νότιο Πόλο από τα υγρά, ζεστά τροπικά δάση που βρίσκονται κοντά στον ισημερινό.

ocean
ωκεανός

seashore
ακτή

mountain
mountain
βουνό

rainforest
τροπικό δάσος

desert
έρημος

grasslands
λιβάδια

glacier
παγετώνας

evergreen forest
δάσος με αειθαλή δέντρα

woodland
αραιό δάσος

lake
λίμνη

polar region
πολική περιοχή

swamp
βάλτος

moor
τυρφώνας

Stages of a river
Η πορεία ενός ποταμού

Rivers provide a changing habitat for wildlife, starting with a tiny, fast-flowing stream, and ending in a broad, slow-moving river.

Τα ποτάμια προσφέρουν ένα διαρκώς μεταβαλλόμενο περιβάλλον για την ανάπτυξη άγριας ζωής, καθώς ξεκινούν από ένα μικρό, γρήγορο ρέμα που καταλήγει σε ένα πλατύ, αργοκίνητο ποτάμι.

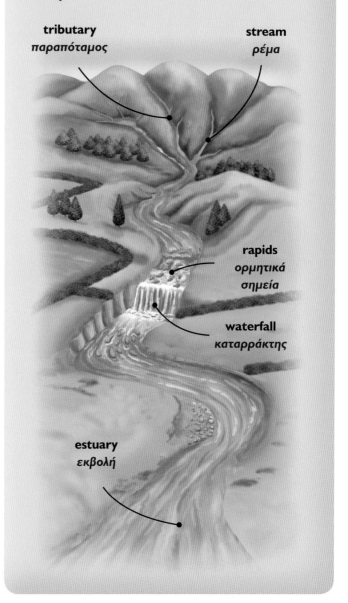

tributary
παραπόταμος

stream
ρέμα

rapids
ορμητικά σημεία

waterfall
καταρράκτης

estuary
εκβολή

The weather • *Ο καιρός*

Places close to the Equator have a tropical climate. The weather there is hot and humid all year round. In places further north and south, the climate is temperate. It is cold in the winter, cool in spring and autumn, and warm in summer.

Οι περιοχές που βρίσκονται κοντά στον ισημερινό έχουν τροπικό κλίμα. Ο καιρός εκεί είναι ζεστός και υγρός όλο τον χρόνο. Οι περιοχές που βρίσκονται πιο βόρεια ή πιο νότια έχουν εύκρατο κλίμα. Κάνει κρύο τον χειμώνα, δροσιά την άνοιξη και το φθινόπωρο, και ζέστη το καλοκαίρι.

sunny • *ηλιόλουστος*

cloudy • *συννεφιασμένος*

rainy • *βροχερός*

foggy • *ομιχλώδης*

smog • *νέφος*

snow • *χιόνι*

icy • *παγερός*

dust storm • *αμμοθύελλα*

hailstorm • *χαλαζόπτωση*

Temperature words
Λέξεις για τη θερμοκρασία

F	C		
100°		hot	*ζεστό*
90°	30°		
80°		warm	*χλιαρό*
70°	20°		
60°		cool	*δροσερό*
50°	10°		
40°			
30°	0°	cold	*κρύο*
20°			
10°	-10°	freezing	*παγωμένο*

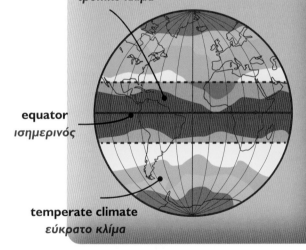

tropical climate
τροπικό κλίμα

equator
ισημερινός

temperate climate
εύκρατο κλίμα

thunderstorm • *καταιγίδα*

tornado • *ανεμοστρόβιλος*

Planet Earth and the environment

Pollution and conservation
Μόλυνση του περιβάλλοντος και εξοικονόμηση ενέργειας

Planet Earth is threatened by many kinds of pollution. We are also in danger of using up the Earth's resources of energy. If we want to save our planet, we must reduce pollution and conserve (save) energy.

Ο πλανήτης Γη απειλείται από πολλά είδη περιβαλλοντικής μόλυνσης. Επίσης κινδυνεύουμε να εξαντλήσουμε τα αποθέματα της Γης σε ενέργεια. Αν θέλουμε να σώσουμε τον πλανήτη, πρέπει να περιορίσουμε τη μόλυνση και να εξοικονομήσουμε (να μη σπαταλάμε) ενέργεια.

Types of pollution
Μορφές μόλυνσης του περιβάλλοντος

hazardous waste
επικίνδυνα απόβλητα

water contamination
μόλυνση του νερού

air pollution
ατμοσφαιρική ρύπανση

pesticide poisoning
δηλητηρίαση από φυτοφάρμακα

radiation
ραδιενέργεια

noise pollution
ηχορύπανση

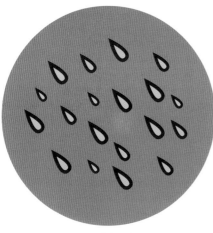

acid rain
όξινη βροχή

oil spill
διαρροή πετρελαίου

light pollution
φωτορύπανση

Energy conservation • *Εξοικονόμηση ενέργειας*

People can take a range of steps to help save energy and keep the planet healthy.

Οι άνθρωποι μπορούν να πάρουν μια σειρά από μέτρα για να βοηθήσουν στην εξοικονόμηση ενέργειας και στην προσπάθεια να είναι υγιής ο πλανήτης μας.

composting	re-use	energy saving
κομποστοποίηση	*επαναχρησιμοποίηση*	*μείωση κατανάλωσης ενέργειας*

recycling
ανακύκλωση

Μόλυνση του περιβάλλοντος και εξοικονόμηση ενέργειας

103

Planet Earth
Ο πλανήτης Γη

Humans live on the surface crust of the Earth, and this crust is moulded into different landscape features. Underneath the crust are several layers of rock, and some of them are molten (very hot and liquid). Volcanoes erupt when molten rock, called lava, bursts through the Earth's crust.

Οι άνθρωποι ζουν στον επιφανειακό φλοιό της Γης, ο οποίος σχηματίζει ένα ανάγλυφο με διάφορα χαρακτηριστικά στοιχεία. Κάτω από τον φλοιό βρίσκονται αρκετά πέτρινα στρώματα και ορισμένα από αυτά είναι σε ρευστή μορφή και πυρακτωμένα (πολύ καυτά). Όταν τα ρευστά πετρώματα, που λέγονται λάβα, τρυπούν τον φλοιό της Γης, γίνονται εκρήξεις ηφαιστείων.

Inside the Earth
Στο εσωτερικό της Γης

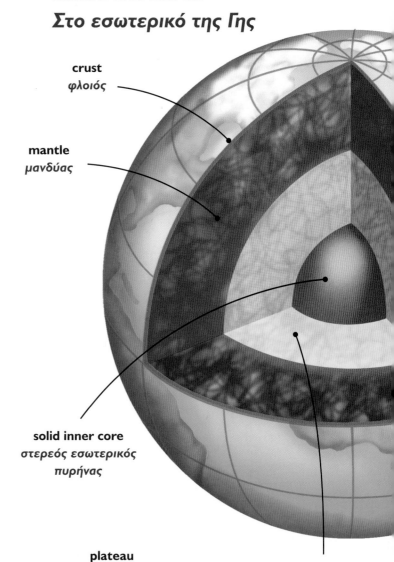

crust
φλοιός

mantle
μανδύας

solid inner core
στερεός εσωτερικός
πυρήνας

liquid outer core
ρευστός εξωτερικός
πυρήνας

Landscape features
Στοιχεία του γήινου ανάγλυφου

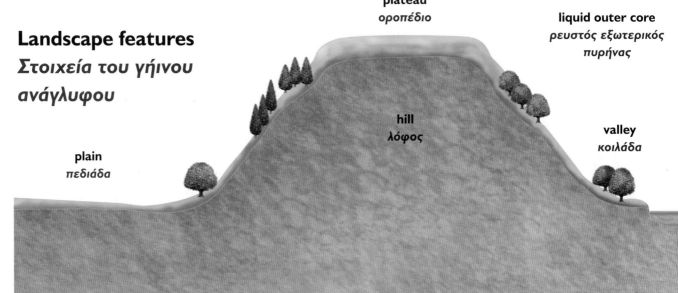

plateau
οροπέδιο

hill
λόφος

valley
κοιλάδα

plain
πεδιάδα

Inside a volcano
Στο εσωτερικό ενός ηφαιστείου

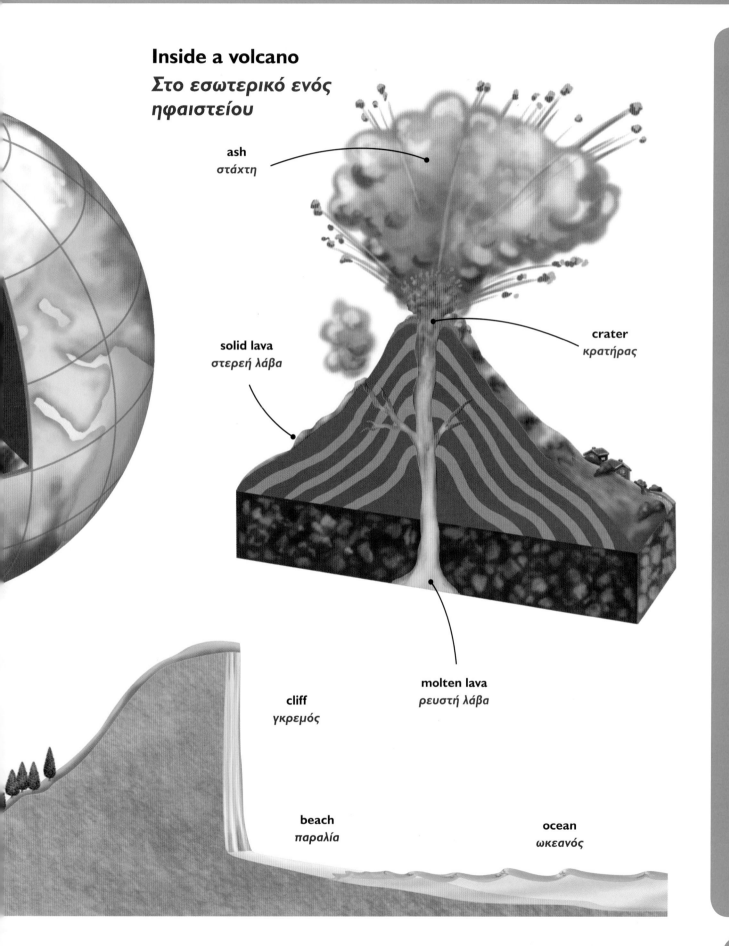

ash
στάχτη

crater
κρατήρας

solid lava
στερεή λάβα

molten lava
ρευστή λάβα

cliff
γκρεμός

beach
παραλία

ocean
ωκεανός

The solar system
Το ηλιακό σύστημα

Our solar system is made up of the
Sun and the planets that orbit it.
In our solar system, there are eight planets
and many moons. There
are also many asteroids and comets
that orbit the Sun.

*Το ηλιακό μας σύστημα αποτελείται από τον
Ήλιο και τους πλανήτες που γυρίζουν γύρω
από αυτόν. Στο ηλιακό μας σύστημα υπάρχουν
εννέα πλανήτες και πολλά φεγγάρια. Υπάρχουν
επίσης πολλοί αστεροειδείς και κομήτες που
βρίσκονται σε τροχιά γύρω από τον Ήλιο.*

Sun
Ήλιος

Mercury
Ερμής

Venus
Αφροδίτη

Earth
Γη

Mars
Άρης

Jupiter
Δίας

Space words • *Λέξεις για το διάστημα*

People use telescopes to study the sky at night. Professional stargazers are called astronomers.

Οι άνθρωποι χρησιμοποιούν τηλεσκόπια για να εξερευνήσουν τον ουρανό τη νύχτα. Οι επαγγελματίες αυτοί μελετητές των άστρων λέγονται αστρονόμοι.

star • *άστρο*

constellation • *αστερισμός*

moon • *φεγγάρι*

Milky Way • *ο Γαλαξίας μας*

galaxy • *γαλαξίας*

meteor • *μετεωρίτης*

black hole • *μαύρη τρύπα*

Neptune
Ποσειδώνας

Uranus
Ουρανός

Saturn
Κρόνος

Space travel • *Διαστημικά ταξίδια*

Humans have been exploring space for over 50 years. Powerful rockets launch space shuttles and other spacecraft into space. Probes and space stations investigate space, and rovers and landers explore other planets. Some spacecraft carry astronauts, but many are operated by robots.

Οι άνθρωποι εξερευνούν το διάστημα για πάνω από 50 χρόνια. Ισχυροί πύραυλοι χρησιμοποιούνται για την εκτόξευση διαστημικών λεωφορείων και άλλων διαστημικών σκαφών στο διάστημα. Τεχνητοί δορυφόροι και διαστημικοί σταθμοί μελετούν το διάστημα, ενώ ερευνητικά διαστημόπλοια και ρομποτικά οχήματα προσεδαφίζονται σε άλλους πλανήτες για να τους μελετήσουν. Μερικά διαστημόπλοια μεταφέρουν αστροναύτες, αλλά πολλά ελέγχονται από ρομπότ.

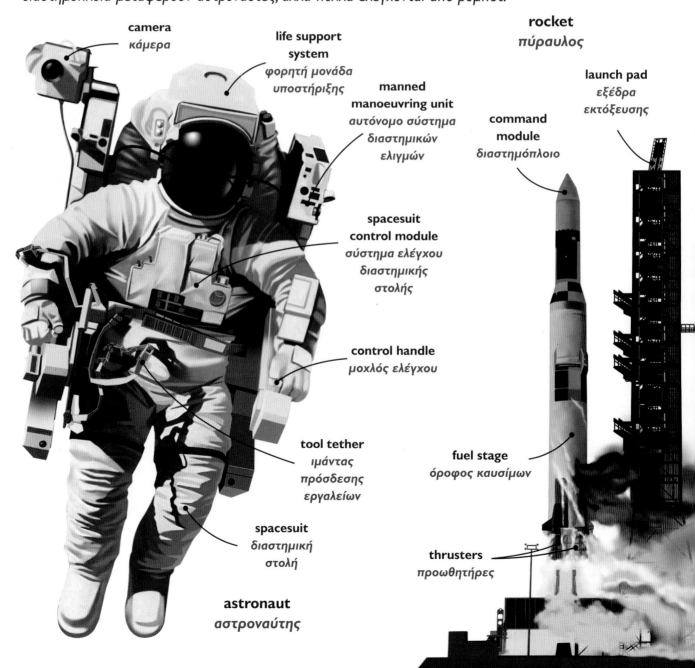

camera
κάμερα

life support system
φορητή μονάδα υποστήριξης

manned manoeuvring unit
αυτόνομο σύστημα διαστημικών ελιγμών

spacesuit control module
σύστημα ελέγχου διαστημικής στολής

control handle
μοχλός ελέγχου

tool tether
ιμάντας πρόσδεσης εργαλείων

spacesuit
διαστημική στολή

astronaut
αστροναύτης

rocket
πύραυλος

launch pad
εξέδρα εκτόξευσης

command module
διαστημόπλοιο

fuel stage
όροφος καυσίμων

thrusters
προωθητήρες

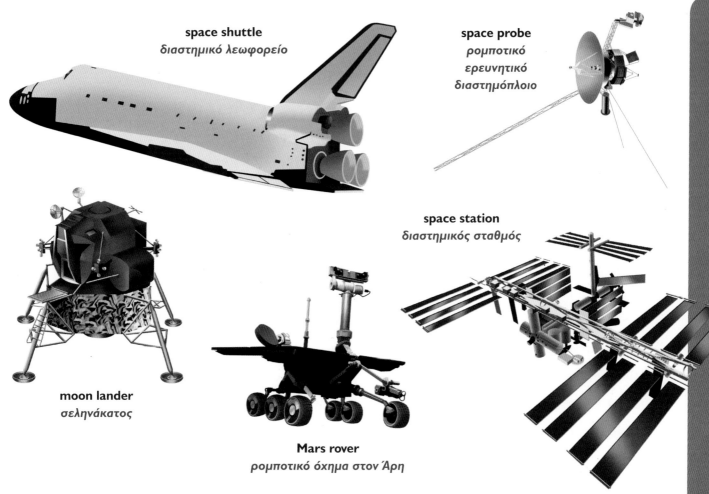

space shuttle
διαστημικό λεωφορείο

space probe
ρομποτικό ερευνητικό διαστημόπλοιο

space station
διαστημικός σταθμός

moon lander
σεληνάκατος

Mars rover
ρομποτικό όχημα στον Άρη

Satellites • Οι τεχνητοί δορυφόροι

Satellites orbit the earth. They are used to take pictures of the Earth, transmit messages, or track the weather.

Οι τεχνητοί δορυφόροι βρίσκονται σε τροχιά γύρω από τη Γη. Χρησιμοποιούνται για τη φωτογράφιση της Γης, για τη μετάδοση μηνυμάτων και για την παρακολούθηση των μεταβολών του καιρού.

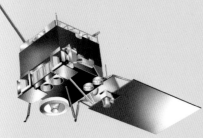

earth observation satellite
δορυφόρος παρατήρησης της Γης

weather satellite
μετεωρολογικός δορυφόρος

communications satellite
τηλεπικοινωνιακός δορυφόρος

Numbers • *Οι αριθμοί*

0	zero • *μηδέν*	
1	one • *ένα*	
2	two • *δύο*	
3	three • *τρία*	
4	four • *τέσσερα*	
5	five • *πέντε*	
6	six • *έξι*	
7	seven • *επτά*	
8	eight • *οκτώ*	
9	nine • *εννιά*	
10	ten • *δέκα*	
11	eleven • *έντεκα*	
12	twelve • *δώδεκα*	
13	thirteen • *δεκατρία*	
14	fourteen • *δεκατέσσερα*	
15	fifteen • *δεκαπέντε*	
16	sixteen • *δεκαέξι*	
17	seventeen • *δεκαεπτά*	
18	eighteen • *δεκαοκτώ*	
19	nineteen • *δεκαεννέα*	
20	twenty • *είκοσι*	
21	twenty-one • *είκοσι ένα*	
22	twenty-two • *είκοσι δύο*	

23 twenty-three • *είκοσι τρία*

24 twenty-four • *είκοσι τέσσερα*

25 twenty-five • *είκοσι πέντε*

30 thirty • *τριάντα*

40 forty • *σαράντα*

50 fifty • *πενήντα*

60 sixty • *εξήντα*

70 seventy • *εβδομήντα*

80 eighty • *ογδόντα*

90 ninety • *ενενήντα*

100 a hundred, one hundred • *εκατό*

101 a hundred and one, one hundred and one • *εκατόν ένα*

1 000
a thousand, one thousand • *χίλια*

10 000
ten thousand • *δέκα χιλιάδες*

1 000 000
a million, one million • *ένα εκατομμύριο*

1 000 000 000
a billion, one billion • *ένα δισεκατομμύριο*

1st first • *πρώτος*

2nd second • *δεύτερος*

3rd third • *τρίτος*

4th fourth • *τέταρτος*

5th fifth • *πέμπτος*

6th sixth • *έκτος*

7th seventh • *έβδομος*

8th eighth • *όγδοος*

9th	ninth •	ένατος
10th	tenth •	δέκατος
11th	eleventh •	ενδέκατος
12th	twelfth •	δωδέκατος
13th	thirteenth •	δέκατος τρίτος
14th	fourteenth •	δέκατος τέταρτος
15th	fifteenth •	δέκατος πέμπτος
16th	sixteenth •	δέκατος έκτος
17th	seventeenth •	δέκατος έβδομος
18th	eighteenth •	δέκατος όγδοος
19th	nineteenth •	δέκατος ένατος
20th	twentieth •	εικοστός
21th	twenty-first •	εικοστός πρώτος
30th	thirtieth •	τριακοστός
40th	fortieth •	τεσσαρακοστός
50th	fiftieth •	πεντηκοστός
60th	sixtieth •	εξηκοστός
70th	seventieth •	εβδομηκοστός
80th	eightieth •	ογδοηκοστός
90th	ninetieth •	ενενηκοστός
100th	one hundredth •	εκατοστός
1 000th	one thousandth •	χιλιοστός

Fractions
Τα κλάσματα

half • μισό
third • τρίτο
quarter • τέταρτο
eighth • όγδοο

Measurements
Τα μεγέθη

millimetre • χιλιοστό
centimetre • εκατοστό
metre • μέτρο
kilometre • χιλιόμετρο
gram • γραμμάριο
kilogram • κιλό
tonne • τόνος
millilitre • χιλιοστόλιτρο
centilitre • εκατοστόλιτρο
litre • λίτρο
celsius • βαθμός Κελσίου
centigrade • βαθμός Κελσίου

height • ύψος
depth • βάθος
width • πλάτος
length • μήκος

Maths words
Μαθηματικές λέξεις

multiply • πολλαπλασιάζω
add • προσθέτω
subtract • αφαιρώ
divide • διαιρώ

Calendar and time

Days of the week
Οι μέρες της εβδομάδας

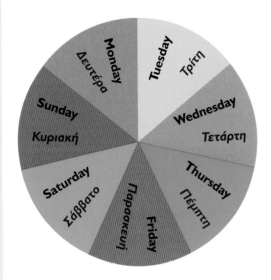

Monday — Δευτέρα
Tuesday — Τρίτη
Wednesday — Τετάρτη
Thursday — Πέμπτη
Friday — Παρασκευή
Saturday — Σάββατο
Sunday — Κυριακή

Months
Οι μήνες

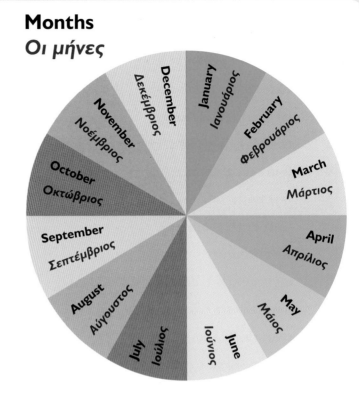

January — Ιανουάριος
February — Φεβρουάριος
March — Μάρτιος
April — Απρίλιος
May — Μάιος
June — Ιούνιος
July — Ιούλιος
August — Αύγουστος
September — Σεπτέμβριος
October — Οκτώβριος
November — Νοέμβριος
December — Δεκέμβριος

Seasons • Οι εποχές

spring
άνοιξη

summer
καλοκαίρι

autumn
φθινόπωρο

winter
χειμώνας

Time words • Λέξεις για τον χρόνο

millennium	century	year
χιλιετία	αιώνας	έτος
month	**week**	**day**
μήνας	εβδομάδα	ημέρα
hour	**minute**	**second**
ώρα	λεπτό	δευτερόλεπτο

Times of day • Τμήματα της ημέρας

dawn	morning	midday	afternoon
αυγή	πρωί	μεσημέρι	απόγευμα
evening	**night**	**midnight**	
βράδυ	νύχτα	μεσάνυχτα	

Telling the time • *Πώς λέμε την ώρα*

nine o'clock
εννιά η ώρα

five past nine
εννιά και πέντε

nine ten,
ten past nine
εννιά και δέκα

nine fifteen,
quarter past nine
εννιά και τέταρτο

nine twenty,
twenty past nine
εννιά και είκοσι

nine twenty-five,
twenty-five past nine
εννιά και είκοσι πέντε

nine thirty,
half past nine
εννιά και μισή

nine thirty-five
twenty-five to ten
δέκα παρά είκοσι πέντε

nine forty,
twenty to ten
δέκα παρά είκοσι

nine forty-five,
quarter to ten
δέκα παρά τέταρτο

nine fifty,
ten to ten
δέκα παρά δέκα

nine fifty-five,
five to ten
δέκα παρά πέντε

Colours and shapes • Χρώματα και σχήματα

Colours • Τα χρώματα

red
κόκκινο

blue
μπλε

green
πράσινο

yellow
κίτρινο

black
μαύρο

grey
γκρι

orange
πορτοκαλί

brown
καφέ

pink
ροζ

purple
μοβ

white
άσπρο

Shapes • Τα σχήματα

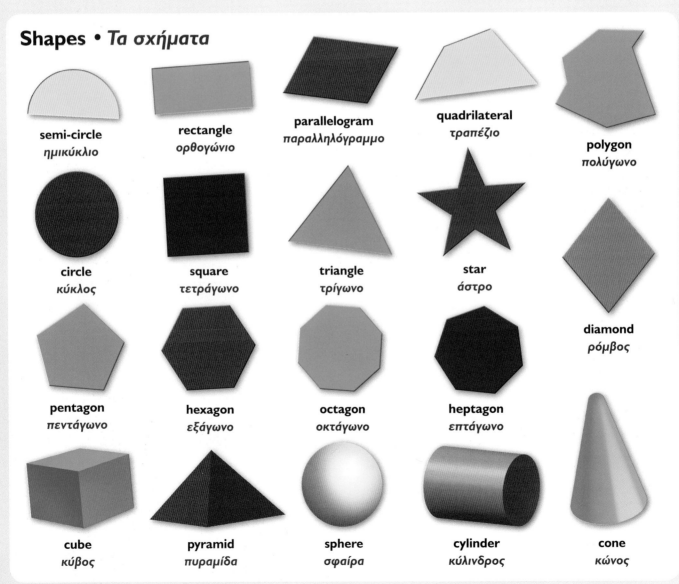

semi-circle
ημικύκλιο

rectangle
ορθογώνιο

parallelogram
παραλληλόγραμμο

quadrilateral
τραπέζιο

polygon
πολύγωνο

circle
κύκλος

square
τετράγωνο

triangle
τρίγωνο

star
άστρο

diamond
ρόμβος

pentagon
πεντάγωνο

hexagon
εξάγωνο

octagon
οκτάγωνο

heptagon
επτάγωνο

cube
κύβος

pyramid
πυραμίδα

sphere
σφαίρα

cylinder
κύλινδρος

cone
κώνος

Opposites
Αντίθετα

big – small
μεγάλο – μικρό

clean – dirty
καθαρό – βρόμικο

fat – thin
χοντρό – λεπτό

full – empty
γεμάτο – άδειο

high – low
ψηλό – χαμηλό

hot – cold
κρύο – ζεστό

open – closed
ανοιχτό – κλειστό

heavy – light
βαρύ – ελαφρύ

loud – quiet
δυνατό – ήσυχο

hard – soft
σκληρό – μαλακό

long – short
μακρύ – κοντό

light – dark
φωτεινό – σκοτεινό

dry – wet
στεγνό – υγρό

fast – slow
γρήγορο – αργό

Position words
Λέξεις για τις θέσεις

on πάνω σε	**off** μακριά από
under κάτω από	**over** πάνω από
next to δίπλα σε	**between** ανάμεσα σε
above ψηλότερα από	**below** χαμηλότερα από
in front μπροστά από	**behind** πίσω από
far μακριά	**near** κοντά

117

English index • Αγγλικό ευρετήριο

English index • Αγγλικό ευρετήριο

Greek index • Ελληνικό ευρετήριο

Το παρόν έργο πνευματικής ιδιοκτησίας προστατεύεται κατά τις διατάξεις της ελληνικής νομοθεσίας (Ν. 2121/1993 όπως έχει τροποποιηθεί και ισχύει σήμερα) και τις διεθνείς συμβάσεις περί πνευματικής ιδιοκτησίας. Απαγορεύεται απολύτως άνευ γραπτής αδείας του εκδότη η κατά οποιονδήποτε τρόπο ή μέσο (ηλεκτρονικό, μηχανικό ή άλλο) αντιγραφή, φωτοανατύπωση και εν γένει αναπαραγωγή, εκμίσθωση ή δανεισμός, μετάφραση, διασκευή, αναμετάδοση στο κοινό σε οποιαδήποτε μορφή και η εν γένει εκμετάλλευση του συνόλου ή μέρους του έργου.

Εκδόσεις Πατάκη – Λεξικά
Το πρώτο μου αγγλικό λεξικό με εικόνες
Τίτλος πρωτοτύπου: *Oxford Children's Visual Dictionary*
Αγγλικό κείμενο: White-Thomson Ltd
Μετάφραση: Άγγελος Κοκολάκης
Εικονογράφηση: Dynamo Design Ltd
Διορθώσεις: Βασίλης Τζούβαλης
Γραφιστική επεξεργασία: Χριστίνα Κωνσταντινίδου
Copyright © Oxford University Press, 2013
Copyright © για την ελληνική γλώσσα, Σ. Πατάκης ΑΕΕΔΕ (Εκδόσεις Πατάκη), 2013
The Oxford Children's Visual Dictionary was originally published in English in 2013. This edition is published by arrangement with Oxford University Press.
Πρώτη έκδοση στην αγγλική γλώσσα από τις εκδόσεις Oxford University Press, Οξφόρδη, 2013. Η παρούσα έκδοση πραγματοποιείται σε συνεργασία με την Oxford University Press.
Πρώτη έκδοση στην αγγλική και ελληνική γλώσσα από τις Εκδόσεις Πατάκη, Αθήνα, Απρίλιος 2013
ΚΕΤ 8307 ΚΕ 08/13
ISBN 978-960-16-4831-6

ΕΚΔΟΣΕΙΣ
ΠΑΤΑΚΗ

ΠΑΝΑΓΗ ΤΣΑΛΔΑΡΗ 38, 104 37 ΑΘΗΝΑ, ΤΗΛ.: 210.36.50.000, 210.52.05.600, ΦΑΞ: 210.36.50.069
ΚΕΝΤΡΙΚΗ ΔΙΑΘΕΣΗ: ΕΜΜ. ΜΠΕΝΑΚΗ 16, 106 78 ΑΘΗΝΑ, ΤΗΛ.: 210.38.31.078
ΥΠΟΚ/ΜΑ: ΚΟΡΥΤΣΑΣ (ΤΕΡΜΑ ΠΟΝΤΟΥ – ΠΕΡΙΟΧΗ Β΄ ΚΤΕΟ), 570 09, ΚΑΛΟΧΩΡΙ ΘΕΣΣΑΛΟΝΙΚΗΣ,
Τ.Θ. 1213, ΤΗΛ.: 2310.70.63.54 & 2310.70.67.15, ΦΑΞ: 2310.70.63.55
http://www.patakis.gr • e-mail: info@patakis.gr, sales@patakis.gr